Carl-Auer

Fritz B. Simon

# Einführung in die systemische Organisationstheorie

Neunte Auflage, 2024

Reihengestaltung: Uwe Göbel
Umschlag: Heinrich Eiermann
Satz: Verlagsservice Hegele, Heiligkreuzsteinach
Printed in the Germany
Druck und Bindung: CPI books GmbH, Leck

FSC www.fsc.org MIX Papier | Fördert gute Waldnutzung FSC® C083411

CPI klimaneutral Mehr Bäume.Weniger $CO_2$

Neunte Auflage, 2024
ISBN 978-3-89670-602-7 (Printausgabe)
ISBN 978-3-8497-8348-8 (ePub)


Bibliografische Information der Deutschen Nationalbibliothek:
Die Deutsche Nationalbibliothek verzeichnet diese Publikation in der Deutschen Nationalbibliografie; detaillierte bibliografische Daten sind im Internet über http://dnb.d-nb.de abrufbar.

Informationen zu unserem gesamten Programm, unseren Autoren und zum Verlag finden Sie unter: **https://www.carl-auer.de/**.
Dort können Sie auch unseren Newsletter abonnieren.

Carl-Auer Verlag GmbH
Vangerowstraße 14 • 69115 Heidelberg
Tel. +49 6221 6438-0 • Fax +49 6221 6438-22
info@carl-auer.de

# Inhalt

**1. Einleitung: Wozu Organisationstheorie? ... 7**

**2. Historischer und theoretischer Kontext ... 11**
2.1 Vom „organisierten Verhalten“ zur „Organisation“ ... 11
2.2 Handlungssystem vs. Kommunikationssystem ... 16
2.3 Organisationen als autopoietische Systeme ... 23

**3. Der Mythos der Rationalität ... 29**
3.1 Zweckrationalität: Zwecke und Mittel ... 29
3.2 Systemrationalität: System und Umwelt ... 31

**4. Die Organisation und ihre Mitglieder ... 35**
4.1 Psychische Systeme als Umwelten von Organisationen ... 35
4.2 Die Kopplung von Personen und Rollen ... 41
4.3 Erwartungen und Strukturen ... 46
4.4 Spiele und Regeln ... 49

**5. Die Beobachtung der Organisation ... 52**
5.1 Unterscheiden und Bezeichnen ... 52
5.2 Formen der Beobachtung ... 55
5.3 Reentry ... 58
5.4 Daten, Informationen, Wissen und Lernen ... 60

**6. Organisation und Entscheidung ... 66**
6.1 Unsicherheitsabsorption ... 66
6.2 Entscheidungsprämissen: Programme, Kommunikationswege, Personen ... 70

**7. Kopplungen ... 76**
7.1 Akteure und Aktionen ... 76
7.2 Lose und feste Kopplungen ... 77

7.3 Eine Typologie von Organisationen ... 79
7.4 Kommunikationsmedien ... 82

**8. Macht und Organisation ... 87**
8.1 Was „ist“ Macht? ... 87
8.2 Unsicherheitsabsorption als Funktion von Macht ... 90
8.3 Die Funktion der Hierarchie ... 92

**9. Organisationskultur ... 96**
9.1 Praxis vs. Poiesis ... 96
9.2 Grammatische Regeln/Strukturen ... 97

**10. Wandel ... 102**
10.1 Das Identitätsparadox ... 102
10.2 Variation, Selektion, Retention ... 103

**11. Die Organisation der Organisation ... 108**
11.1 Steuerung ... 108
11.2 Mülltonnen und die Fokussierung der Aufmerksamkeit ... 114

**12. Die Paradoxie der Organisation ... 117**
12.1 Unentscheidbarkeit ... 117
12.2 Paradoxie-Management ... 121

**Nachbemerkung ... 123**
**Literatur ... 125**
**Über den Autor ... 128**

# 1. Einleitung: Wozu Organisationstheorie?

Von der Wiege bis zur Bahre – das Leben des Menschen in der westlichen Welt ist zu einem großen Teil von Organisationen und ihren Eigengesetzlichkeiten bestimmt. Das beginnt bei der Geburt, die sich meist in einem Krankenhaus unter organisierter Überwachung und Hilfestellung vollzieht, setzt sich über den Kindergarten, Schule, Universität oder Ausbildungsstelle, schließlich die unterschiedlichen Arbeitsplätze – sei es in Unternehmen, Behörden, Universitäten, ja, kriminellen Vereinigungen – fort, um dann nach einigen trauten Jahren im Kleintierzüchterverein in der doch irgendwie vergeblichen, aber gut organisierten Fürsorge eines Beerdigungsinstituts sein Ende zu finden. Es ist heute fast unmöglich zu überleben, ohne mit Organisationen in Berührung zu kommen: als Mitglied oder Mitarbeiter, Kunde oder Antragsteller, Nutznießer oder Leidtragender.

In überraschendem Kontrast zur unvermeidbaren, alltäglichen Konfrontation mit Organisationen steht, dass wir als Durchschnittsbürger nur sehr wenig über die Logik ihres Funktionierens wissen. Angesichts ihrer heute zentralen Rolle in der Gesellschaft sollte das Verständnis von Organisationen zu den Lernzielen der Grundschule gehören. So wie bereits den ABC-Schützen grundlegende Verkehrsregeln beigebracht werden – die Bedeutung von Ampeln und Zebrastreifen etc. –, um zu verhindern, dass sie unter die Räder kommen, sollte auch explizit gelehrt werden, wie Organisationen funktionieren. Doch das ist in der Schule kein Thema des Unterrichts. Auch im Lehrstoff von Universitäten sind Organisationen kaum zu finden, obwohl der Umgang mit und das Verhalten in Organisationen den Grundstein für nahezu jede berufliche Karriere darstellt. Nicht einmal im wirtschaftswissenschaftlichen Studium, wo u. a. Führungskräfte ausgebildet werden, die einmal Verantwortung in Organisationen übernehmen sollen, hat die Organisationstheorie einen angemessenen Platz. Der Betrieb ist ebenso wenig Thema der Betriebswirtschaft wie das Krankenhaus Thema des Medizinstudiums.

So kommt es, dass die meisten Menschen ihre Erfahrungen mit anderen sozialen Systemen auf Organisationen übertragen oder verallgemeinern. Das betrifft in der Regel Familie und Schule. Doch beides sind keine guten Modelle, aus denen sich eine sinnvolle Organisationstheorie ableiten ließe, die das Überleben in oder gar das Leiten von Organisationen erleichtert. Wer in jeder hierarchischen Beziehung das Schema der Eltern-Kind-Beziehung wiederfindet, wird weder der Eltern-Kind-Beziehung gerecht noch der Funktion von Hierarchie in Organisationen. Und wer die Komplementarität der Lehrer-Schüler- und die Symmetrie der Schüler-Schüler-Beziehung verallgemeinert, wird ein zu schlichtes Bild von der Komplexität innerorganisatorischer Beziehungsnetzwerke entwickeln …

Wie ist diese allseitige Ignoranz zu erklären? Wahrscheinlich liegt es daran, dass man nicht verstehen muss, wie Organisationen funktionieren, um mit ihnen umgehen und in ihnen arbeiten zu können. Es ist wie im Straßenverkehr: Man muss zwar wissen, dass man bei Rot an der Ampel stehen bleiben sollte, wenn man nicht überfahren werden will, aber die Logik der Verkehrsregelung braucht man nicht zu durchschauen. Es gibt ein paar minimale Regeln, deren Befolgung ausreicht, um sein Ziel einigermaßen sicher und heil zu erreichen.

Solch eine individualistische Perspektive mag ausreichen, um als Einzelner auch seinen Weg im Verkehrsgewühl von Organisationen zu finden. Es reicht aber sicher nicht aus, um als Führungskraft Verantwortung für eine Organisation oder Organisationseinheit zu übernehmen. Dann geht es nämlich nicht mehr allein um den Erfolg oder auch nur das schlichte Überleben eines Individuums, sondern um Erfolg oder Scheitern der Organisation. Wer hier nachhaltig verantwortlich handeln will, muss sich an ihr als Überlebenseinheit orientieren. Er braucht eine Theorie der Organisation, um die Sinnhaftigkeit seines eigenen Tuns im Kontext der Organisation und ihrer Umwelten überprüfen zu können.

Ziel dieser kleinen Einführung ist, solch ein Modell zu liefern. Es stützt sich dabei auf Konstruktivismus und Systemtheorie. Das Buch ist so geschrieben, dass auch der Uneingeweihte ohne theoretische Vorkenntnisse in der Lage sein sollte, der Argumentation zu folgen.

Alle nötigen Definitionen und Konzepte werden erläutert. Wer allerdings eine Einführung in die Vielfalt der Organisationstheorien sucht (es gibt derer eine große Zahl), sei auf andere Werke verwiesen (z. B. Kieser u. Ebers 2006).

Was wohl alle Organisationstheorien miteinander verbindet, ist die Frage nach der Beziehung zwischen der Organisation als sozialer Einheit und ihren Mitgliedern. Systemtheorie und Konstruktivismus scheinen hier gut geeignet, weil sie den Fokus der Aufmerksamkeit auf die Wechselbeziehungen zwischen sozialen Systemen und ihren Teilnehmern legen. Außerdem gibt es gute Erfahrungen, aus diesen theoretischen Konzepten praktische Verhaltensstrategien abzuleiten (vgl. die Literatur zum „Systemischen Management" und zur „Systemischen Organisationsberatung").

Diese praktischen Konsequenzen sind jedoch – das sei hier zur Warnung vorausgeschickt – nicht Thema dieser Einführung. Theorien konstruieren Erklärungen, und aus denselben Erklärungen können immer verschiedene Handlungskonsequenzen gezogen werden. Welche das im Einzelfall sind, bleibt in der Verantwortung ihres Benutzers. Es gibt nie den einen, richtigen Weg …

Viele der hier skizzierten Konzepte stammen von „Klassikern" der Organisationstheorie wie Herbert A. Simon, James March, Karl Weick oder Michel Crozier. Soweit es den Lesefluss nicht stört, wird den Originalautoren die Referenz durch wörtliches Zitieren ihrer Texte erwiesen. Das betrifft vor allem Niklas Luhmann, da sein Einfluss zentral ist: Er bzw. die neuere soziologische Systemtheorie hat einen konzeptuellen Rahmen zur Verfügung gestellt, der die Organisationstheorie in eine Theorie der Gesellschaft und ihrer Differenzierung einbettet. Erst dadurch wird die Logik der Entwicklung von Organisationen im Rahmen gesamtgesellschaftlicher Entwicklungen nachvollziehbar.

Trotz des Einflusses der genannten Vordenker ist der hier eröffnete Blick auf Organisationen zwangsläufig von der „Brille" des Autors verzerrt, geschärft oder gefärbt, das heißt, mit ihm ist kein Anspruch auf irgendeine objektive Wahrheit verbunden. Ein Modell, das dem, der mit Organisationen zu tun hat – und das ist potenziell ja jeder – ein Grundverständnis für ihre Funktionslogik vermitteln soll, sodass er die Option erhält, in Organisationen anders (freier oder möglicherweise auch unfreier) zu agieren. Es soll ihm aber auch helfen, sich vor den Zumutungen von Organisationen und ihrer Eigenlogik zu schützen.

Denn nur weniges, was heute unsere gesellschaftlichen Verhältnisse bestimmt, gäbe es ohne Organisationen. Es hätte kein Flug zu Mond stattgefunden, der Holocaust wäre nicht möglich gewesen, wir könnten nicht per Handy mit China telefonieren und nicht in Europa südamerikanische Bananen essen, weder Hilfsaktionen für Tsunami-Opfer in Gang setzen noch Kriege in entfernten Gegenden der Welt führen ...

Ob gut oder schlecht – was immer heute geschieht, fast immer sind Organisationen daran beteiligt. Grund genug, sich ein paar Gedanken über sie zu machen.[1]

1 Für vielfältige Anregungen danke ich meinen Kollegen vom Management Zentrum Witten (MZW) Dirk Baecker und Rudolf Wimmer, vor allem aber Torsten Groth, der das Manuskript kritisch gesichtet hat. Da ich dieses Buch im Internet geschrieben habe, haben etliche Kommentatoren ebenfalls die Gestaltung des Manuskripts beeinflusst (auch wenn im Einzelnen nicht zu sagen ist, wie ...). Auch ihnen sei hiermit gedankt.

# 2. Historischer und theoretischer Kontext

## 2.1 Vom „organisierten Verhalten“ zur „Organisation“

Dass Menschen kooperieren und sich Arbeit teilen, ist ein Phänomen, das wahrscheinlich so alt ist, wie die Menschheit. Schon in grauen Vorzeiten ging man gemeinsam auf die Jagd, der Bau der Pyramiden im alten Ägypten wäre ohne die Abstimmung und Organisation der Arbeit Tausender nicht möglich gewesen, und die Kriegführung des alten Roms verdankte ihre Erfolge der Bildung von Truppenverbänden.

Wo immer Menschen eine gemeinsame Geschichte durchleben, müssen sie ihr Verhalten koordinieren. Wenn zwei Menschen durch dieselbe Tür gehen wollen, müssen sie sich einigen, wer zuerst geht, falls nicht beide gleichzeitig hindurchpassen. Und wenn sie weiter denselben Weg nehmen, so müssen sie an der nächsten Tür entscheiden, ob sie beim zweiten Mal wieder dieselbe Reihenfolge wählen oder nicht. Spätestens wenn sie an die dritte Tür kommen, hat sich wahrscheinlich schon so etwas wie eine gemeinsame Regel oder Struktur gebildet: Entweder der eine geht immer voraus und der andere folgt ihm, oder aber die beiden wechseln sich ab. Ihr Verhalten hat sich organisiert (sie haben sich faktisch geeinigt), ja, die beiden scheinen durch ihr Verhalten nicht nur einen bestimmten Typus von Interaktionsmuster, sondern von persönlicher Beziehung *(asymmetrisch* vs. *symmetrisch)* zu realisieren.

Solch „organisiertes Verhalten“ (Crozier u. Friedberg 1977, S. 39 ff.) entsteht unvermeidlich, wenn Menschen auf engem Raum zusammenleben. Meist ist die dabei entstehende Ordnung nicht irgendwelchen bewussten Entscheidungen oder Planungsprozessen zuzuschreiben. Sie entwickelt sich selbstorganisiert, bestimmt von der Notwendigkeit, gemeinsam durch enge Türen zu kommen.

Diese Muster organisierter *Interaktion* dürfen aber nicht mit dem Typus sozialer Systeme verwechselt werden, der als „Organisation“

bezeichnet wird (auch wenn sie sich selbstverständlich in Organisationen zuhauf finden lassen). Denn während organisierte Interaktion im skizzierten Sinn so alt ist wie die Menschheit, sind Organisationen, so wie wir mit ihnen heute konfrontiert sind, ein historisch relativ junges Phänomen. Der Begriff ist modern, auch wenn er alte Wurzeln hat (griech. *organon:* „Werkzeug“, „Instrument“, „Organ“). Im Altertum wurde er nicht gebraucht. Im Grimmschen Wörterbuch der deutschen Sprache aus dem Jahre 1889 finden sich folgende Definitionen:

> „1. activisch, die thätigkeit, durch die ein organismus gebildet wird, die organisierung [...], 2. passivisch, die durch organische thätigkeit hervorgebrachte bildung, einrichtung und beschaffenheit eines organischen wesens [...]“ (Bd. 7, S. 1339).

Im erläuternden Text wird darauf hingewiesen, dass es dabei primär um biologische Prozesse geht, dass aber auch die dazu analoge Idee, den Staat als „Körper“ zu betrachten, so benannt wird. Auch von der Organisation der Universität oder einer Partei ist schon die Rede. Die biologische Metaphorik, die im Begriff der Organisation transportiert wird, zeigt sich auch heute noch, wenn auf staatliche „Organe“ Bezug genommen wird, von „Körperschaften“ gesprochen wird oder Unternehmen im Englischen auch als „corporation“ bezeichnet werden.

Der Gebrauch des Begriffs Organisation für einen besonderen Typus sozialen Gebildes hat sich erst im 19. Jahrhundert eingebürgert. Dabei war der Fokus der Aufmerksamkeit auf das „organische“ Schema der Beziehung des „Ganzen“ und seiner „Teile“ gerichtet (vgl. Luhmann 2000, S. 11).

Mit der industriellen Revolution traten die anderen Aspekte der Metapher des Körpers gegenüber der des Werkzeugs oder der Maschine in den Hintergrund. Die Mechanisierung der Arbeit und die Schaffung von Fabriken sorgte für die ideelle Entkopplung von Personen und ihren Handlungen – ein Abstraktionsprozess, der im „Scientific Management“ von Frederick W. Taylor (1856–1915) seinen Höhepunkt fand. Er konzeptualisierte Fabriken als Maschinen und die Funktion von Arbeitern analog zu der von Maschinenteilen. Das Ideal des „wissenschaftlichen“ Managements war, die Mechanik der Arbeitsabläufe so zu planen und zu kontrollieren, dass – möglichst kleinteilig – wohldefinierte Arbeitseinheiten „rational“ zu umfassenderen Prozessen zusammengesetzt werden konnten (= Management). Die klare Definition und Standardisierung dessen, was an einem bestimmten Arbeitsplatz zu tun sei, diente dem Ziel der vollkommenen Austauschbarkeit der Personen, die diese Arbeit auszuführen hatten.

Angestrebt wurde also *zielgerichtet* organisiertes Verhalten, das der Rationalität des Maschinenmodells entsprach. Das sorgfältige Studium von Arbeitsabläufen und die daraus abgeleiteten „Rationalisierungs“-Wellen, vor allem die von Henry Ford eingeführte Fließbandproduktion (inspiriert von den „disassembly lines“ der Chicagoer Schlachthöfe) mit ihrer Produktivitätssteigerung, waren Resultat dieses Ansatzes.

Parallel dazu beschreibt Max Webers (1864–1920) Bürokratiemodell einen Idealtypus formalisierter Prozesse, nach dem Vorgesetzte und Untergebene logisch-deduktiv Regeln befolgen und so den Aufwand der Kommunikation in der Praxis der Verwaltung auf ein handhabbares Maß reduzieren.

Einer der ersten, im weitesten Sinne „systemtheoretisch“ argumentierenden Vordenker der Organisationstheorie, Chester I. Barnard (1886–1961), definierte einer ähnlichen Logik folgend Organisationen als „System von bewusst koordinierten Verhaltensweisen oder Kräften von zwei oder mehr Personen“ (Barnard 1938, S. 73). Hervorzuheben, weil theoretisch ein bedeutender Schritt, ist, dass seines Erachtens „nicht Personen, sondern Dienstleistungen, Handlungen, Handeln oder Einflüsse als eine Organisation konstituierend angesehen werden sollten“ (ebd., S. 83). Damit widerspricht er der auch heute noch üblichen, intuitiv naheliegenden Anschauung, Menschen, d. h. Mitarbeiter und Beschäftigte oder auch Gebäude, Produktionsmittel etc., seien die Elemente und Bestandteile von Organisationen. Indem er die Menschen aus der Organisation „wegdenkt“, macht er den Entwicklungsschritt deutlich, der mit der Bildung von Organisationen verbunden ist: die Konstruktion kooperativer Handlungsmuster, bei denen von den konkreten Menschen *abstrahiert* werden kann, weil sie durch die Standardisierung der notwendigen Handlungsweisen als Individuen austauschbar werden.

Damit wird die Differenz zwischen der Organisation und ihren Mitgliedern zu einem konstituierenden Merkmal von Organisationen – und damit auch zu einem zentralen Beobachtungs- und Analyseschema der Organisationstheorie. Organisationen als handelnde Einheiten (Akteure) können nun von ihren Mitarbeitern als handelnden Einheiten (Akteuren) unterschieden werden. Die Mitglieder der Organisation lassen sich als *notwendige Umwelten* ihrer Organisation konzeptualisieren (ein Ansatz, der von Chester Barnard wohl als Erstem theoretisch verfochten und später mit großer logischer Konsistenz von Niklas Luhmann ausgearbeitet wurde).

Die Teilnehmer an der Organisation (Mitglieder) liefern die Handlungen, die zusammen den „Organisation" genannten Prozess bilden, aber sie können nicht selbst als Bestandteile der Organisation definiert werden. Sie erhalten eine Entlohnung für ihre Arbeit und kommen – das ist die Gegenseite ihrer Austauschbarkeit – nicht in ihrer Totalität, d. h. als psychische und biologische Systeme, in der Organisation vor. Die Organisation hat nur einen begrenzten Anspruch auf ihre Mitwirkung (= Arbeitsleistung), und all ihre anderen Talente und Kompetenzen werden nicht genutzt und bleiben unbeobachtet. Sie sind ihre Privatsache. Der einzelne Mensch kann so an ganz unterschiedlichen Organisationen mitwirken, in keiner ist er in seiner körperlichen oder psychischen Totalität integriert.

Da sie nur partiell gefordert sind, sind die Mitglieder von Organisationen bereit, innerhalb gewisser Bandbreiten das zu tun, was von ihnen verlangt wird, unabhängig davon, ob es ihnen als Privatpersonen im Einzelnen sinnvoll erscheint. Diesen Bereich fremdmotivierten Verhaltens nennt Barnard „Indifferenzzone" („zone of indifference", 1938, S. 167), das heißt, es macht für die Mitarbeiter keinen relevanten Unterschied, was sie da tun, ob sie es so oder anders machen …

Diese Entkopplung von Person und Handlung und die Bildung arbeitsteiliger Handlungsmuster, an denen eine Vielzahl von Akteuren mit ihren unterschiedlichen Aktionen beteiligt ist, stellt den evolutionären Gewinn der Organisationsbildung dar. Es können hochkomplexe Prozesse realisiert und Funktionen erfüllt werden, die das Handlungsvermögen von Individuen übersteigen. Kein einzelner Mensch wäre in der Lage, eines der modernen Verkehrsflugzeuge allein zu konstruieren, geschweige denn herzustellen. Zu unterschiedlich und vielfältig sind die dazu nötigen Kompetenzen und Fähigkeiten, zu komplex und zu zeitaufwendig für ein einzelnes menschliches Leben. Allein die Kopplung einer großen Zahl von Akteuren und Aktionen in Form einer Organisation ermöglicht solch einen Kreationsprozess (im ideellen wie materiellen Sinn). Sein spontanes Zustandekommen (wie das Muster „organisierten Verhaltens" von Menschen, die beide durch eine zu enge Tür gehen wollen) wäre nicht nur unwahrscheinlich, sondern unmöglich.

Parallel zur Entstehung von Organisationen erfolgte auf gesellschaftlicher Ebene die Ausdifferenzierung von Funktionssystemen. Es entwickelten sich Subsysteme wie die Wirtschaft, die Wissenschaft, das Erziehungswesen, das Rechtssystem usw., die jeweils Organisationstypen hervorbrachten, mit deren Hilfe ihre speziellen Funktionen erfüllt werden konnten. So waren Gerichte notwendig, um den Anforderungen der Rechtsprechung zu genügen, es entstanden Universitäten, deren Funktion es war, Wissen zu gewinnen und weiter zu verbreiten, es entstanden Unternehmen, die Waren und Dienstleistungen produzieren und vermarkten konnten usw. Dass sich für die unterschiedlichen Zwecke und Ziele spezialisierte Organisationsformen als nützlich erwiesen, ist ein Aspekt der Ausdifferenzierung gesellschaftlicher Subsysteme. All diesen Organisationen ist gemeinsam, dass sie gesellschaftliche Funktionen erfüllen. Ohne Unternehmen reduziert sich das wirtschaftliche Leben auf Tausch- und Subsistenzökonomie, ohne die Organe eines autonomen Rechtssystems bleibt die Rechtsprechung mit großer Wahrscheinlichkeit der Willkür von Feudalherren oder Potentaten ausgeliefert, und ohne die Selbstverpflichtung zur Anwendung rationaler, überprüfbarer Verfahren wissenschaftlichen Erkenntnisgewinns würden wohl in erster Linie orthodoxe Glaubensvorstellungen unser Weltbild prägen.

Organisationen als autonome, soziale Überlebenseinheiten können länger leben als ihre Mitglieder. Das unterscheidet sie von sozialen Mustern, die sich in der Interaktion selbst organisieren. Dass mehrere Menschen sich vor einer engen Tür darüber abstimmen, wer wem den Vortritt lässt, ist ein einmaliges Ereignis. Dass Menschen sich längerfristig darüber einigen, welche Verhaltensweisen voneinander zu erwarten sind, ist mehr als nur ein einmaliges Ereignis. Es ist ein repetitiver Prozess, der nicht allein durch die aktuelle, einmalige Koordination der Interaktion mehrerer Akteure erklärt werden kann. Mit den Worten Karl Weicks (1979, S. 67): „Die Vorstellung eines Prozesses impliziert Unbeständigkeit. Wir bevorzugen eine Auffassung von Organisation, die davon ausgeht, dass Organisationen andauernd auseinanderfallen und deshalb beständig neu aufgebaut werden müssen. Prozesse müssen permanent neu verwirklicht werden. Die meisten Administratoren wissen das; die meisten Organisationsforscher müssen daran erinnert werden."

Organisationen, so lässt sich zusammenfassen, sind *keine* dinglichen Entitäten, sondern Prozesse, die nur die Zeit überdauernd bestehen bleiben, wenn sie immer wieder aufs Neue realisiert, d. h. fortgesetzt, werden. Ihre Nichtveränderung ist also genauso wenig selbstverständlich wie ihre Veränderung, beides bedarf der Erklärung.

## 2.2 Handlungssystem vs. Kommunikationssystem

Der Begriff System steht, seiner wörtlichen Bedeutung entsprechend (von griech. *syn* „zusammen" und *histein* „stellen, setzen"), für eine *zusammengesetzte Einheit.* Im Blick auf Organisationen als „Systemen" stellt sich (1) die Frage, welches denn die Elemente sind, aus denen sie zusammengesetzt sind oder sein könnten, und (2) wer oder was sie als Einheit zusammensetzt und vom Rest der Welt abgrenzt (d. h. definiert).

Hier kann man kontroverser Meinung sein. Das beginnt bei der Alltagsansicht, Organisationen seien (neben Gebäuden, Schreibtischen, Maschinen usw.) aus Menschen zusammengesetzt. Das scheint plausibel und entspricht dem Erleben der meisten, die mit Organisationen zu tun haben. Denn sie begegnen nicht abstrakten Systemen, sondern konkreten Menschen, die sich auf die eine oder andere Weise verhalten (auch wenn sie im Namen einer Organisation handeln oder davon sprechen, ihre Organisation ergreife bestimmte Maßnahmen).

Doch der Begriff Organisation suggeriert die autonome Existenz einer handelnden Einheit (Akteur), und wir behandeln Organisationen auch – zum Beispiel juristisch – wie Personen. Das ist mit Risiken verbunden, vor denen Karl Weick warnt: „[...] wenn wir lesen, dass ‚eine Organisation handelt', könnten wir annehmen, weil es das selbstständige Substantiv ‚Organisation' gibt, müsse es in der Wirklichkeit etwas geben, was ihm entspricht – etwas Unabhängiges, Einzigartiges, Unveränderliches, das in der Lage ist, Subjekt-Prädikat-Beziehungen mit anderen Dingen einzugehen. Was wir vermeiden wollen, ist, Organisationen als eigenständige Kräfte oder Agenten anzusehen. [...]

Wann immer Organisationen handeln – die Universität stellt ein, die Regierung verhandelt, die Bäckerei erforscht ihr Gedächtnis, das Orchester produziert Chaos –, dann sind es Individuen, die handeln. Und jede Behauptung über das Handeln von Organisationen kann zerlegt werden in eine Reihe von Interakten zwischen Individuen von der Art, dass, wenn diese Leute nicht einen bestimmten Satz von Handlungen hervorgebracht und ineinander verzahnt hätten und wenn diese Handlungen nicht auch von anderen Leuten hervorgebracht und zwischen ihnen verzahnt worden wären, die Organisation den ihr zugeschriebenen Akt nicht ausgeführt hätte" (Weick 1979, S. 52).

Soweit er damit den Prozesscharakter und die „Verzahnung" der Aktionen einer Vielzahl von Leuten unterstreichen will, ist Weick vorbehaltlos zuzustimmen. Offen bleibt aber die Frage, ob die Kreation der Einheit „Organisation" dem Beobachter (als dessen Konstrukt) ursächlich zuzurechnen ist oder dem beobachteten Prozess. Auch hier kann wieder auf Weick verwiesen werden, der trotz seiner Sorge vor Verdinglichung Organisationen als handelnde Einheiten beschreibt: „Die entscheidenden Punkte bei der Zuschreibung von Handlungen zu Organisationen sind, dass organisatorische Aktivitäten sozialer, nicht solitärer Art sind und dass diese Aktivitäten so genau festgelegt sind, dass eine Vielzahl von Personen die für die Erhaltung des Musters erforderlichen Bestandteile beisteuern kann. Das Muster kann einem Wechsel des Personals ebenso standhalten wie einem gewissen Ausmaß an Änderungen des tatsächlichen Verhaltens, das die Individuen beisteuern. Es ist die Dauerhaftigkeit des durch die Beiträge austauschbarer Individuen hindurchgehenden Musters, welche Organisationen von andersartigen Kollektivitäten wie Mobs, Familien oder Patient-Therapeut-Dyaden unterscheidet, Kollektivitäten, in denen ein Wechsel des ‚Personals' fundamentale Wandlungen im Prozess und im Ergebnis hervorruft.

„Organisationen überleben ihre Gründer [...] und sind der persönlichen Umdefinition relativ unzugänglich [...]. Menschen bewegen sich in diese Formen hinein und aus ihnen heraus; in den Ergebnissen erhält sich eine bemerkenswerte Konstanz [...]. Die Tatsache, dass Formen spezifische Individuen transzendieren, bedeutet, dass es vernünftig ist, zu sagen, dass Organisationen handeln, weil es eben die überdauernde Form ist, welche die Handlungen des wechselnden Personals koordiniert und die Ergebnisse hervorbringt" (Weick 1979, S. 53 f.).

Wie kann diese, den Wechsel des Personals überdauernde Konstanz der Form, d. h. der organisierten Handlungsmuster, erklärt werden?

Hier zeigt sich die Schwachstelle aller theoretischen Ansätze, die versuchen die Entstehung von Organisationen aus dem koordinierten (d. h. organisierten) Verhalten von Individuen abzuleiten. Das tun zum Beispiel Michel Crozier und Erhard Friedberg (1977, S. 66 ff.), die in Organisationen „Spiele" sehen, die aus dem Verhalten der beteiligten, konkreten Akteure resultieren. Sie versuchen, die Interaktionsmuster von Organisationen als *emergentes* Ergebnis des Aufeinandertreffens individueller Verhaltensstrategien zu erklären.

Solch ein Ansatz bringt aber nur die „Spielregeln" ins Blickfeld, die entstehen, wenn konkrete Menschen mit ihren spezifischen Verhaltensmustern aufeinandertreffen. Zwei Menschen begegnen sich, können sich nicht ausweichen, durchlaufen eine gemeinsame Geschichte, koordinieren und organisieren ihre Interaktion und setzen sich über die Gestaltung ihres gemeinsamen Lebens auseinander. Das geschieht in jeder Paarbeziehung, jeder Familie, jeder persönlichen Beziehung. Die Personen sind hier – das ist der Gegensatz zur Organisation – *nicht* austauschbar: andere Akteure = andere Spiele (emergente Muster der Interaktion). Die prinzipielle Austauschbarkeit des Personals ist aber eines der wesentlichen Charakteristika von Organisationen. Ihre Spiele bzw. ihre Regeln sind erheblich *formalisierter*, und deswegen können sich auch Spieler beteiligen, die nicht die Vorgeschichte miterlebt haben. Sie können ausgewechselt werden, ohne dass das Spiel deswegen zu einem Ende käme oder seine Funktion verändern würde.

Dass man in Organisationen eine solche Zeit überdauernde, von konkreten Individuen unabhängige Regelbildung beschreiben kann, wirft die Frage nach ihrer Erklärung auf: Wie kommt sie zustande und wie wird sie auf Dauer gestellt?

Die Antwort auf diese Frage bleiben die sogenannten „verhaltenswissenschaftlichen Ansätze“ der Organisationstheorie (Karl Weick, James March, Herbert A. Simon, Michel Crozier u. a.) schuldig. Sie begnügen sich mit der Deskription von Handlungssystemen, und da sie Handlungen als die Basiselemente der von ihnen untersuchten Systeme definieren, stehen sie vor der Frage, wie es denn zur „Verzahnung“, d. h. der *Kopplung,* individueller Handlungen kommt. Doch erst Erklärungen machen eine Theorie zu einem nützlichen Handwerkszeug, denn dann können aus ihr Handlungsanweisungen abgeleitet werden ...

Durch welche Mechanismen werden die Handlungen einer Vielzahl von Akteuren miteinander *verbunden*, sodass koordinierte „Handlungssysteme“ entstehen? Und wie ist deren *Reproduktion* über die Zeit hin möglich, angesichts der Tatsache, dass die konkreten Mitglieder der Organisation ausgetauscht werden?

An dieser Stelle ermöglicht die von Niklas Luhmann formulierte Theorie sozialer Systeme den nächsten Entwicklungsschritt im Aufbau einer konsistenten Organisationstheorie.

Luhmann (1984, S. 193 ff.) definiert als kleinste Einheit – als Basiselement – *aller* sozialen Systeme die (einzelne) Kommunikation. Damit konstruiert er eine Einheit („Kommunikation“), deren Grenzen anders definiert sind als die der Handlung. Während eine Handlung einem einzelnen Akteur zugerechnet werden kann, geht dies bei der Kommunikation nicht, denn sie koppelt *(assoziiert)* zwei oder mehr Akteure bzw. ihre Akte miteinander.

Gehen wir, zur Verdeutlichung, noch einmal zu den von Weick beschriebenen Handlungssystemen zurück.

Er definiert „doppelte Interakte“ als Basiselement von Organisationen: „Eine Person führt irgendeine Handlung aus, auf die eine zweite Person reagiert, worauf die erste irgendeine vollendende

Reaktion auf das, was die zweite tat, von sich gibt" (Weick 1979, S. 168 f.).

An diesem „doppelten Interakt" sind zwei Akteure beteiligt. Ihr Verhalten lässt sich mit der Hypothese *erklären*, die beteiligten Personen würden ihren eigenen Handlungen sowie denen ihres Interaktionspartners irgendeinen *Sinn* zuschreiben und *aufgrund dieser Sinngebung* aufeinander reagieren.

Die so konstruierte Erklärung lautet also: Der doppelte Interakt erhält seine zyklische Gestalt dadurch, dass das Verhalten der ersten Person als *Mitteilung* einer *Information* und das Verhalten der zweiten Person als Zeichen des *Verstehens* interpretiert wird; es wird dabei ebenfalls als *Mitteilung* einer *Information* gedeutet und seinerseits durch ein Verhalten der ersten Person als Zeichen des *Verstehens* beantwortet (die „vollendende Reaktion"). Diese Auswahl und Kopplung von „Information", „Mitteilung" und „Verstehen" wird von Luhmann als ermergente „Einheit der Kommunikation" bezeichnet. Das heißt, der „doppelte Interakt", die „Verzahnung" der Handlungen, lässt sich als Resultat von Kommunikation (re-) konstruieren.

Dabei wird Kommunikation – anders als der Begriff umgangssprachlich suggeriert – *nicht* als *Handlung* eines einzelnen Menschen definiert („Präsident Reagan war ein großer Kommunikator!"), sondern sie wird als Ereignis konzeptualisiert, bei dem eine dreifache Selektion stattfindet: unter den *möglichen Mitteilungen*, den *möglichen Informationen* und den *Verstehensmöglichkeiten*. Durch sie wird menschliches Verhalten vor einen Sinnhorizont gestellt, d. h. als sinnhaft qualifiziert, und als Handlung interpretiert (wobei das Absprechen von Sinn auch als ein möglicher Sinn zu verstehen ist).

> „Geht man vom Sinnbegriff aus, ist als erstes klar, dass Kommunikation immer ein selektives Geschehen ist. Sinn lässt keine andere Wahl als zu wählen. Kommunikation greift aus dem je aktuellen Verweisungshorizont, den sie selbst erst konstituiert, etwas heraus und lässt anderes beiseite. Kommunikation ist Prozessieren von Selektion" (Luhmann 1984, S. 194).

Es geht dabei, anders als in der Kommunikationstechnologie, *nicht* um die „Übertragung" von Information (besser: Signalen). Dort legt der „Sender" die Zustände des „Empfängers" in einem geradlinig kausalen Sinne fest. Hier jedoch treffen autonome, durch ihre internen Strukturen gesteuerte Beobachter aufeinander, die immer auch anderes auf jede Mitteilung reagieren könnten, als es derjenige, der sich auf eine bestimmte Weise und mit einer bestimmten Absicht verhält, vorhersagen kann („doppelte Kontingenz"). Niemand kann *einseitig* festlegen, wie sein eigenes Verhalten von *anderen* verstanden wird.

Das bringt den Beobachter (und mit ihm die Theoriemodelle des Konstruktivismus) ins Spiel. Es sind immer Beobachter, die andere Beobachter beobachten und unterstellen, dass sie von ihnen auch beobachtet werden. Da sie ihrem eigenen wie dem fremden Verhalten Sinn zuschreiben, können sie – die Ähnlichkeit zwischen sich und dem/den anderen voraussetzend – erwarten, dass die anderen es genauso machen und eigenem wie fremdem Verhalten Sinn zuschreiben. Die Koordination von Akteuren (bzw. ihrer Handlungen) wird dadurch möglich, dass sie als Beobachter nicht nur gegenseitig ihr Verhalten *wahrnehmen*, sondern dass sie es auf seinen Sinn hin „untersuchen" (oder besser gesagt: einen Sinn *erfinden*, den sie dem beobachteten Verhalten zuschreiben). Die Funktion menschlicher Kommunikation – so lässt sich zusammenfassen – besteht nicht im Transport von Nachrichten, sondern in der Koordination von Akteuren und ihren Aktionen. Und sie erfolgt durch die wechselseitige Interpretation des beobachteten Verhaltens.

Die wichtigste Konsequenz all dieser Überlegungen ist, *„dass Kommunikation nicht direkt beobachtet, sondern nur erschlossen werden* kann. Um beobachtet werden oder um sich selbst beobachten zu können, muss ein Kommunikationssystem deshalb als Handlungssystem ausgeflaggt werden. Auch die mitlaufende Selbstkontrolle […], funktioniert nur, wenn man am Anschlusshandeln ablesen kann, ob man verstanden worden ist oder nicht" (Luhmann 1984, S. 226).

Auch bezogen auf Organisationen heißt dies, dass die dort zu beobachtenden Handlungsmuster als Ergebnis von Kommunikation erklärt werden können (auch wenn sie als Handlungen „ausgeflaggt" werden). Kommunikation ist kausal dafür, dass die Handlungen unterschiedlicher Akteure (= Kommunikationsteilnehmer) verzahnt werden. Erst Kommunikation macht aus solitär handelnden Individuen Teilnehmer an sozialen Systemen und erst Kommunikation bringt soziale Systeme hervor.

Die „Bausteine" sozialer Systeme, die basalen Elemente, aus denen sie sich zusammensetzen, sind einzelne Kommunikationen: Ereignisse, die immer nur in der Gegenwart stattfinden und in dem Moment, wo sie sich ereignen, auch schon wieder vergangen sind. Um soziale Systeme über die Zeit zu erhalten, muss daher die Kommunikation fortgesetzt werden ...

Das Umschalten von einer Handlungs- zur Kommunikationstheorie hat den Vorteil, dass nun erklärt werden kann, wie die Verhaltensweisen und Handlungen unterschiedlicher Akteure gekoppelt werden. Das gilt auch für „organisiertes Verhalten" in der Interaktion: Man muss miteinander kommunizieren, wenn man vor einer engen Tür steht und nicht entschieden ist, wer zuerst durchgeht. Das gilt aber erst recht in Organisationen.

Wenn ein weltweit agierender Konzern Hunderttausende von Mitarbeitern beschäftigt, deren Tätigkeiten koordiniert werden sollen, so ist dies allein dadurch möglich, dass Kommunikation *nicht* auf die Interaktion unter Anwesenden („doppelte Interakte") begrenzt ist. Eine Vielzahl von Medien ermöglicht Fernkommunikation (z. B. unterschiedliche Formen der Schriftlichkeit, Telefon, Computer, Videokonferenzen etc.). Mitteilung und Verstehen sind nicht mehr an die Anwesenheit der Kommunikationsteilnehmer zur selben Zeit am selben Ort gebunden, wenn Akten geführt und Dienstanweisungen versandt werden. Von der Brieftaube bis zur E-Mail eröffnen Medien der Fernkommunikation die Möglichkeit, die Grenzen von Raum und Zeit zu überschreiten, um die Aktionen einer Vielzahl von Akteuren in unterschiedlichen Gegenden der Welt miteinander abzustimmen. Und mit neuen Formen der Medien können neue Formen der Organisation entstehen.

Doch diese Ausweitung der Kommunikationsmöglichkeiten erfordert neue Eingrenzungen. Wie kann unterschieden werden, ob eine Kommunikation zur Organisation gehört oder nicht? Nur wenn es zu einer Innen-außen-Unterscheidung der Kommunikation kommt, das heißt, wenn Kommunikationen als „intern" oder „extern" unterschieden werden, kann sich die Organisation als abgegrenzte Einheit definieren.

Die Kommunikation muss also immer irgendwie (mit-) markieren, ob sie zur Organisation gehört oder nicht. Reden zwei Menschen als Rollenträger oder als Privatpersonen miteinander? Denn Kollegen kommunizieren in der Freizeit anders als bei einer offiziellen Sitzung: zwei Spielfelder mit unterschiedlichen Spielregeln, auch wenn dieselben Spieler beteiligt sind. Um dies zu unterscheiden, trägt man während der Dienstzeit Krawatten und am Wochenende Jeans, und die unterschiedlichen Örtlichkeiten (Büro/Kneipe) signalisieren, welches Verhalten als „angemessen" zu erwarten ist.

Der überlebenssichernde „Trick" der Organisation besteht darin, dass sie – mithilfe ihrer eigenen Routinen (z. B. der Rekrutierung von Personal) – dafür sorgt, dass die Teilnehmer an der Kommunikation austauschbar bleiben, während *im Gegensatz dazu* die Kommunikationsmuster reproduziert und ihre Funktionen (mehr oder weniger) konstant erhalten werden können. Auf diese Weise gewährleistet sie die Fortsetzung der Kommunikationsprozesse, die sie als autonome Einheit gegenüber dem Rest der Welt definieren (d. h. abgrenzen und charakterisieren).

## 2.3 Organisationen als autopoietische Systeme

Nicht alle sozialen Systeme sind langlebig. Da sie sich aus (Kommunikations-) Ereignissen zusammensetzen, ist die Wahrscheinlichkeit groß, dass sie – wie Streichhölzer – verglühen, kaum dass sie entzündet sind. Man trifft einen Menschen auf der Straße, fragt ihn nach dem Weg, er antwortet, man bedankt sich – und alles ist vorbei: ein soziales System, das seine Zukunft bereits hinter sich hat, wenn es das Licht der Welt erblickt.

Hier zeigt sich ein wesentlicher Unterschied zur Organisation als sozialem System. Denn in ihrem Fall wird die Kommunikation fortgesetzt, das heißt, es wird Geschichte geschrieben, die Organisation kann sich an Vergangenheit erinnern und Fantasien für die Zukunft entwickeln. Die Erklärung dafür liefert eine spezifische Prozessform der Kommunikation, die dafür sorgt, dass Kommunikationen an Kommunikationen *anschließen*, sodass der Kommunikationsprozess fortgesetzt wird. Sie macht die Dauerhaftigkeit des sozialen Systems Organisation wahrscheinlich (oder, um das Bild des brennenden Streichholz' aufzunehmen: Sie sorgt dafür, dass Brennstoff nachgelegt wird).

Dieser Typus von Prozessen ist von Humberto Maturana (1978, S. 280) als „autopoietisch“ bezeichnet worden. Seiner Ansicht nach sind solche Prozesse das definierende Merkmal lebender Systeme – ein Spezialfall von Selbstorganisation.

Organismen *erschaffen sich selbst* als unterscheidbare Einheiten durch ihre internen biochemischen Prozesse. Ein selbstbezüglicher Prozess, durch den – aus der Perspektive des Beobachters (der auch das betreffende System selbst sein kann) gesehen – eine Innen-außen-Unterscheidung realisiert wird. Aufgrund ihrer internen Prozesse bilden lebende Systeme (Organismen) eine Grenze zum Rest der Welt (Haut), die sie als Einheit konstituiert. Und diese Grenze sorgt dafür, dass die internen biochemischen Prozesse, die sie hergestellt haben, weiter ablaufen können. Das heißt, dass alle drei Unterscheidungen des klassischen Modells der Herstellung *unbelebter* Gegenstände oder Dinge zusammenfallen: Der „Produktionsprozess“ lebender Systeme (die Abgrenzung zwischen Systemen und Umwelten) ist sowohl „Produzent“ als auch „Produkt“. Der Begriff, den Maturana vorgeschlagen hat, um die Einheit dieser sonst getrennt konzeptualisierten Phänomene zu bezeichnen, ist: „autopoietisches System“.

Autopoietische Systeme sind definiert als selbstbezüglich („selbstreferenziell“) operierende Systeme, die sich aufgrund des Netzwerkes ihrer internen Prozesse als zusammengesetzte Einheiten konstituieren und gegen ihre Umwelten abgrenzen.

Abgeleitet ist der Begriff vom griech. *autos*, „selbst“, und *poiesis*, „schöpferische Tätigkeit, Werk, (Gedicht)“, das heißt, er bezeichnet wörtlich ziemlich genau, worum es bei dieser Organisationsweise von Prozessen geht. Grafisch lassen sie sich durch einen Kreis mit einem Pfeil symbolisieren (siehe Abb. 1), wobei der Kreis für die Innen-außen-Unterscheidung steht und der Pfeil für die zur Erzeugung und Erhaltung der Grenze notwendigen internen Prozesse bzw. der Struktur des Netzwerks der Prozesse.

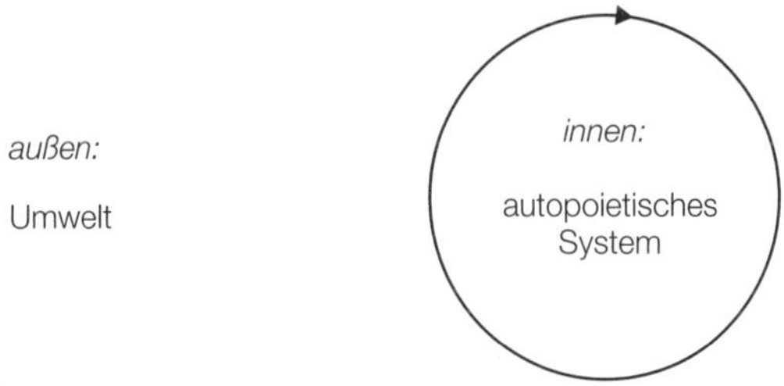


*Abb. 1*

Verbunden mit dieser Dynamik sind einige andere, theoretisch relevante und unseren alltäglichen Denkgewohnheiten zuwiderlaufende Gesetzmäßigkeiten, die auch für die Anwendung des Autopoiese-Konzepts in der Organisationstheorie von Bedeutung sind.

Zunächst wären hier (1) die sogenannte „Strukturdeterminiertheit" und (2) die „operationale Schließung" autopoietischer Systeme zu nennen. Mit diesen Begriffen wird benannt, dass (1) das Verhalten solcher Systeme immer von ihren aktuellen *eigenen* (internen) Strukturen kausal bestimmt wird (d. h. nicht von außen) und dass sie (2) in ihren internen *Operationen* direkt immer *nur auf ihre eigenen, internen Operationen* oder Zustandsänderungen reagieren (und nicht auf irgendwelche äußeren Ereignisse) (Maturana 1970).

Die *Strukturdeterminiertheit* autopoietischer Systeme hat zur Folge, dass es zwischen Ereignissen in der Umwelt solcher Systeme und ihrem Verhalten *keine* geradlinige (deterministische) Ursache-Wirkungs-Beziehungen geben kann. Auf die Wiederholung desselben äußeren Reizes hin kann – wenn sich die Struktur des Systems wandelt und es „lernt" – eine andere, neue Reaktion erfolgen. Man schubst einen Menschen, und er wird – bestimmt durch seine aktuellen Strukturen und Zustände – entweder das Gleichgewicht verlieren und umfallen oder er wird gegensteuern, den Stoß ausbalancieren, zurückschlagen, seinen Peiniger küssen, was immer … Der „Schubser", die von außen einwirkende Kraft, löst eine durch innere Abläufe bestimmte, für den Beobachter nicht beobachtbare und nicht vorhersehbare Reaktion aus. Nicht mal das Opfer dieses „Geschubstwerdens" kann als Selbstbeobachter sicher vorhersagen, ob es umfallen oder das Gleichgewicht wiedergewinnen wird, da auch ihm die sein Verhalten bestimmenden, internen Prozesse nicht durchschaubar sind. Die Interaktion zwischen demjenigen, der schubst, und demjenigen, der geschubst wird, ist keine geradlinig-kausale Beziehung im klassischen Sinn, da der Stoß zwar der Auslöser der Reaktion ist, sie aber nicht eineindeutig festlegt.

Diese Art des Wirksamwerdens, ohne dass die Wirkung vorhersehbar ist, wird als *Perturbation* oder *Irritation* bezeichnet; das heißt, das Geschubstwerden wirkt auf das so behandelte System als „Störung" oder „Anregung" (je nachdem, ob man als Beobachter den Effekt negativ oder positiv bewertet), auf die es seiner internen Strukturen gemäß reagiert. Auf diese Weise ist es in der Lage, aus Erfahrung zu lernen und Strukturen wie Verhaltensschemata zu verändern.

Als *operationale Schließung* wird ein eng damit verbundenes Phänomen bezeichnet. Bleiben wir, um der Anschaulichkeit willen, bei Interaktionen, die mit der Anwendung körperlicher Gewalt verbunden sind. Wenn jemand einem anderen mit der Faust aufs Auge schlägt, so sieht der die sprichwörtlichen Sterne. Das Auge ist nur in der Lage, die Irritation (wenn man den Schlag aufs Auge einmal etwas verharmlosend so nennen will), der es ausgesetzt ist, in eine bestimmte, es charakterisierende Operationsweise zu „übersetzen". So wird die „Störung" durch einen Schlag auf dieselbe Weise codiert wie die „Störung" durch Licht. Weder die Faust noch irgendein Stern kann direkt zu einem Element des Nervensystems werden. Das Nervensystem (und dazu gehört auch der irritierte Sehnerv) reagiert immer nur auf seine eigenen Zustände. Es gibt keinen „Input", der die Reaktion des Systems, den „Output", festlegen könnte. Wenn es zu einer Reizung des Sehnervs durch einen Faustschlag kommt, so reagiert das Gehirn wie auf andere Reizungen des Sehnervs durch Licht: Man sieht Sterne …

Ganz allgemein kann festgestellt werden, dass es nur zwei prinzipielle Klassen von Reaktionsweisen gibt, mit denen autopoietische Systeme auf solche Störungen von außen reagieren können: *Entweder* die Autopoiese (das Leben) wird fortgesetzt *oder* sie wird nicht fortgesetzt (das Leben endet). Dies ist eine Alles-oder-Nichts-Unterscheidung. Genauso wenig, wie man ein bisschen schwanger sein kann, kann ein autopoietisches System seine Autopoiese ein bisschen mehr oder ein bisschen weniger realisieren: entweder ganz oder gar nicht.

Diese Konzeptualisierung, die ursprünglich als Antwort auf die Frage „Was charakterisiert Lebensprozesse?" entwickelt wurde, hat sich auch als nützlich zur Erklärung von Prozessen in anderen Phänomenbereichen erwiesen. So lässt sich auch die Organisation psychischer Systeme als autopoietisch erklären. Nur dass es hier nicht biochemische Prozesse sind, die eine Innen-außen-Unterscheidung und die Identität des Systems hervorbringen und erhalten, sondern Bewusstseinsprozesse. Gedanken und Gefühle schließen an Gedanken und Gefühle an, sie produzieren sie und sorgen so für die Eigenlogik, die Stabilität und die Veränderung psychischer Strukturen und Prozesse. Auch hier kommt es zu einer klaren Abgrenzung zwischen innen und außen, denn zum Bewusstsein eines anderen Menschen hat nur er selbst (durch Selbstbeobachtung, Erleben) direkten Zugang.

Den dritten Phänomenbereich, in dem sich autopoietische Prozessmuster beobachten lassen, bilden soziale Systeme. Besonders gut lässt sich dies – deswegen der lange Exkurs zur Theorie autopoietischer Systeme – an Organisationen beobachten. Hier sind es Kommunikationsprozesse, die für die Abgrenzung zwischen Organisationen (Systemen) und Umwelten sorgen. Die Ähnlichkeit der Bildung von Organisationen und von biologischen Organismen, die ja schon in der (nur ca. 150 Jahre alten) Begriffsbildung zu finden ist, ist mehr als nur metaphorisch. Organismen und Organisationen werden nach „Rezepten" hergestellt, die derselben Logik folgen. Ihre Materialität unterscheidet sich zwar radikal (biochemische Prozesse vs. Kommunikationsprozesse), aber ihr Herstellungsprogramm hat dasselbe abstrakte Muster, dieselbe Struktur.

Wenn man Organisationen als autopoietische Systeme betrachtet, so hat dies Konsequenzen, die in Widerspruch zu einigen weit verbreiteten Denkgewohnheiten und Glaubenssätzen („Wahrheiten") stehen.

Als erstes ist zu nennen, dass Organisationen, wenn sie denn erst einmal das Licht der Welt erblickt haben, keinen Sinn „an sich" haben oder brauchen. Ihr Verhalten mag dem Beobachter – wie das eines lebenden Organismus – zwar als zielgerichtet erscheinen, aber die Funktion dieses Verhaltens ist erst einmal nur Überleben. Nicht mehr und nicht weniger ist in der Organisationsform autopoietischer Prozesse *impliziert* – noch vor irgendwelchen bewussten Entscheidungen über Zwecke, denen sich die Organisation verschreiben könnte.

Der Sinn des Lebens ist das Leben – das gilt auch für Organisationen. Das schließt natürlich nicht aus, dass sie sich Ziele suchen und z. B. Probleme lösen. Aber das ist dann Mittel zum Zweck des Überlebens. Wenn man Organisationen als Problemlösemittel betrachtet, so sind es vagabundierende Lösungen, auf der Suche nach passenden Problemen …

# 3. Der Mythos der Rationalität

## 3.1 *Zweckrationalität: Zwecke und Mittel*

„Die meisten Organisationstheoretiker gehen davon aus, dass Organisieren unternommen wird, um die Zielerreichung voranzutreiben“ (Weick 1979, S. 33). Eng verbunden oder auch identisch damit ist die Idee der Rationalität von Organisationen. „Dieses Konzept bedeutet nicht notwendigerweise, dass organisatorisches Handeln logisch oder vernünftig ist, sondern eher, dass es auf ein Ziel hin erdacht, gemeint, geplant, kalkuliert oder entworfen ist. Der Nachdruck liegt auf dem Gedanken, dass, was in einer Organisation geschieht, zu irgendeinem Zeitpunkt erwartet oder geplant worden ist“ (Weick 1979, S. 36).

Die Zweckrationalität von Organisationen ist ein Mythos, der eng mit dem Ingenieurs- und Maschinenmodell verbunden ist. Denn schließlich baut man ja auch Maschinen und Apparate (Staubsauger zum Beispiel) als Mittel zum Zweck, damit sie tun, was man persönlich nicht tun kann oder mag (Staub saugen).

Dass Organisationen oft zum Erreichen konkreter Ziele ins Leben gerufen werden, ändert nichts an ihrer davon unabhängigen Eigenlogik, d. h. der Autonomie autopoietischer Systeme: Man kann schließlich auch ein Kind aus zweckrationalen Gründen zeugen (um jemanden zu haben, der den Rasen mäht etc.), aber sobald solch ein Wesen seine autopoietischen Prozesse der Selbstkreation und des Selbsterhalts begonnen hat, d. h. noch im Mutterleib, entwickelt es sich seiner eigenen internen Strukturen entsprechend. Es kommt dann früher oder später fast zwangsläufig zu Konflikten zwischen ihm und seinen „Erzeugern“ („Gründern“, „Besitzern“), wenn es sich z. B. weigert, den Rasen zu mähen.

Überträgt man dieses Bild auf Organisationen, so zeigt sich, dass irgendwelche sachlichen Ziele gegenüber dem reinen Selbsterhalt des Systems *sekundär* sind. Das macht die Organisation als Typus des sozialen Systems in den unterschiedlichen gesellschaftlichen Subsystemen so vielfältig verwendbar. Sie kann für alle möglichen Zwecke funktionalisiert werden, sei es in der Wirtschaft, der Wissenschaft, der Erziehung, der Rechtsprechung, der Kriegführung usw.

Hinzu kommt, dass an ihrem Zustandekommen und Erhalt eine größere Zahl von Akteuren beteiligt ist, die dies aufgrund ihrer *eigenen*, spezifischen Zwecke tun. Daher ist die Idee eines gemeinsamen, alle Beteiligten vereinenden Ziels illusorisch. Organisationen können zwar als Mittel zum Zweck verstanden werden, aber dann sind sie Mittel zu *unterschiedlichen,* oft konkurrierenden und manchmal sich sogar *gegenseitig ausschließenden* Zwecken.

Nehmen wir das Unternehmen als Beispiel. Es dient den Mitarbeitern als Mittel, den eigenen Lebensunterhalt zu verdienen, vielleicht auch noch berufliche Befriedigung zu finden, „Spaß" bei der Arbeit zu haben etc. (= „Motivation"). Den Eigentümern, sei es nun eine Einzelperson, eine Familie oder eine Gruppe von Aktionären, ist es Mittel zum Erzielen einer Rendite, aber auch hier kann seine Bedeutung weiter reichen, es kann z. B. (vor allem bei Gründern und deren Familien) zur persönlichen Identitätsbildung beitragen usw. Den Kunden ist es als Produzent von Waren und Dienstleistungen Mittel zur Entwicklung von Konsumfantasien und -bedürfnissen sowie ihrer eventuellen Befriedigung, dem Staat ein Mittel Steuern einzunehmen usw. Die Liste ließe sich noch verlängern. Es geht also um sehr verschiedene *Zweckrationalitäten* oder, wenn von einzelnen Akteuren und ihren Entscheidungen die Rede ist: um sehr verschiedene *Motivationen* individuellen Handelns.

Die Berufung auf *eine,* nicht näher spezifizierte, absolut gesetzte Rationalität kann daher als „ein auf Entscheidungen bezogenes Äquivalent für das, was man in der Erkenntnistheorie ‚Objektivität' nennen würde" (Luhmann 2000, S. 445) betrachtet werden. Es geht um einen Wahrheitsanspruch und die damit verbundene Legitimation von Entscheidungen. Solch eine Argumentation, die vor allem in der wirtschaftswissenschaftlichen Debatte immer wieder zu vernehmen ist, kann als „rhetorische Leistung" identifiziert werden, „mit der man bestimmten Positionen den Anschein des Unbestreitbaren zu geben versucht" (Luhmann 2000, S. 445). Dies ist ein politisches Manöver, dessen paradoxes Ziel ist, Fragen nach der Sinnhaftigkeit von Entscheidungen zu verhindern.

Um das Rationalitätskonzept für die Organisationstheorie zu retten, hat Herbert A. Simon (1957, S. 33–41) schon sehr früh vorgeschlagen, von „begrenzter Rationalität" („bounded rationality") zu sprechen.

Ergebnis seiner empirischen Untersuchungen ist, dass in den Entscheidungsprozessen von Organisationen nicht die „beste" Lösung gewählt wird, sondern eine, die hinreichend „zufriedenstellend" ist („satisficing").

Im Verlaufe eines Prozesses werden die Konsequenzen von Handlungen bzw. ihre Alternativen deutlich. Entscheidungen werden notwendig und getroffen. So wird ein Repertoire zufriedenstellender Programme entwickelt, das es ermöglicht, in ähnlichen Situationen erneut zu handeln bzw. unter alternativen Programmen zu wählen. Diese Programme funktionieren unabhängig voneinander (March u. Simon 1958, S. 191).

Eine sich so entwickelnde Rationalität muss (aus der Außenperspektive gesehen) nicht optimal sein, sondern nur gut genug (befriedigend). Dann kann man so erst einmal weitermachen ...

Dass *im Nachhinein* logisch klingende Begründungen für die aus dem Moment heraus getroffenen Entscheidungen geliefert werden, hat wenig mit den tatsächlichen Motiven zu tun. Sie sind in ihrer Komplexität in der Regel weder in der aktuellen Situation durchschaubar noch in der Erinnerung rekonstruierbar. Dennoch werden nachträglich solche sinnstiftenden Erklärungen konstruiert („sensemaking", Weick 1995), wodurch der Mythos der Rationalität kontrafaktisch aufrechterhalten wird.

## 3.2 Systemrationalität: System und Umwelt

Für Organisationen als autopoietische Systeme kann der Rationalitätsbegriff ganz generell nicht primär im Sinne der Zweckrationalität gebraucht werden. Das Beispiel des Unternehmens und der widersprüchlichen Ziele unterschiedlicher Interessengruppen sollte verdeutlichen, dass jede einzelne Organisation als gemeinsames Mittel zu höchst unterschiedlichen Zwecken fungieren kann. Nicht das *gemeinsame Ziel* der unterschiedlichen Interessengruppen ist es, was ihr Überleben sichert, sondern die Tatsache, dass die Organisation in der Lage ist, als *gemeinsames Mittel* für unterschiedliche Ziele zu dienen. Der den einzelnen, inhaltlich-sachlichen Zielen übergeordnete „Zweck“, der die internen Prozesse der Organisation steuert und die unterschiedlichen Akteure integriert, ist die *Fortsetzung der Autopoiese* der Organisation. Wobei die Verwendung des Zweckbegriffs hier problematisch ist (und er deswegen in Anführungszeichen gesetzt ist), denn es handelt sich hier nicht um die bewusste Zwecksetzung irgendeines Subjekts, sondern die autopoietische Organisationsform der Prozesse führt dazu, dass die Organisation sich so verhält, „als ob“ sie diesen Zweck verfolgen würde.

Ihre Eigenlogik ist auf die Aufrechterhaltung der System-Umwelt-Unterscheidung gerichtet, d. h. die Weiterexistenz in der Beziehung zu und in der Kommunikation mit spezifischen, für das eigene Überleben *unverzichtbaren Umwelten*. Auch dies ist eine Form der Rationalität. Sie lässt sich im Unterschied zur Zweckrationalität als „Systemrationalität“ bezeichnen (Luhmann 2000, S. 447).

Es geht dabei nicht um den *einen besten Weg*, ein Ziel zu erreichen (den gibt es nicht), sondern darum, in der *Auseinandersetzung mit relevanten Umwelten* – sei es die Wirtschaft oder ein anderes gesellschaftliches Subsystem, seien es andere Organisationen oder die Mitarbeiter etc. – *gangbare* Handlungsweisen zu finden, die mit dem Überleben vereinbar sind („viabel“ = brauchbar).

Daher stellt sich bei der Beobachtung jeder Organisation die Frage nach für ihr Überleben relevanten Umwelten (und das können sehr verschiedene sein). Überleben wird dabei zum Rationalitätskriterium des Handelns. Erst beide zusammen – Organisation und relevante Umwelten – bilden eine *Überlebenseinheit* und durchlaufen einen gemeinsamen Entwicklungsprozess („evolutionäre Einheit“). Erst wenn das Überleben gesichert ist, stellt sich die Frage nach darüber hinausgehenden, sachlichen Zielen und der Zweckrationalität des Handelns.

Zur Illustration: Auch ein menschliches Individuum kann sich irgendwelche sachlichen Ziele („ein Eigenheim erwerben, Klavierspielen lernen, den Mount Everest besteigen“) setzen. Aber es kann seine dazu nötigen Fähigkeiten und Kompetenzen nur realisieren, wenn es am Leben bleibt. Tote spielen nicht Klavier, steigen auf keine Berge, und um ihr Eigenheim streiten sich die Erben. Das schlichte Überleben als Voraussetzung für alle anderen Aktivitäten gerät meist aus dem Blickfeld, weil es als selbstverständlich vorausgesetzt wird. Das ist es aber nicht, auch, wenn es oft so scheint.

Soweit Organisationen bezahlte Mitarbeiter beschäftigen (und das gilt für nahezu alle), müssen sie sich immer auch auf das Wirtschaftssystem als relevante Umwelt einstellen. Denn sie brauchen Geld (Einnahmen), um ihre Mitglieder bezahlen zu können. Ohne sie findet keine Kommunikation – und damit auch keine Organisation – statt. Woher dieses Geld stammt, ob es, wie beim Unternehmen, durch die Herstellung und den Verkauf von Waren und Dienstleistungen erwirtschaftet wird oder, wie bei einer staatlichen Behörde, aus Steuereinnahmen bezahlt wird, aus Spenden, wie bei einer Nichtregierungsorganisation oder einem gemeinnützigen Verein, spielt keine Rolle.

Allerdings macht es für das Überleben und die dazu nötigen Strategien einer konkreten Organisation einen großen Unterschied, ob sie die lebensnotwendigen Zahlungen aufgrund von Budgetplanungen oder politischen Entscheidungen erhält, aufgrund ihres Markterfolges oder durch Spenden. Einmal bedarf es politischer Lobbyarbeit, das andere Mal des Marketings, oder des sachgerechten Gebrauchs des Klingelbeutels usw.

Diese Zahlungen sind notwendig für das wirtschaftliche Überleben der Organisation, für die Fortsetzung der sie definierenden Kommunikation. Das Ausbleiben der für die Weiterexistenz notwendigen Zahlungen ist fast immer der letzte Grund, warum Organisationen „sterben“. Aber oft ist dies nur die mittelbare Folge davon, dass sie den Anforderungen anderer, überlebenswichtiger Systeme nicht gerecht geworden sind. Eine Schule, in die keine Kinder mehr kommen, wird dicht gemacht, auch wenn genug Geld vorhanden ist. Wissenschaftliche Einrichtungen, die keine Forschungsergebnisse produzieren, werden zur Disposition gestellt. Behörden, die sich als korrupt erweisen, kommen unter politischen Druck usw. Wenn die Mitglieder der Organisation über keine *Motivation* mehr verfügen, die Organisation am Leben zu erhalten, dann stirbt sie.

Da Organisationen nicht unabhängig von ihren verschiedenen Umwelten und deren Anforderungen operieren können, sind sie *ständig* irgendwelchen Irritationen (Störungen, Anregungen) ausgesetzt, auf die sie intern reagieren müssen. Ob sie langfristig überleben, hängt davon ab, wie diese wechselseitigen Anpassungs- und Aushandlungsprozesse zwischen der Organisation und ihren Umwelten (= Lernen) verlaufen.

Um zu überleben, braucht sie sachliche Ziele: Zweckrationalität ist für sie ein Mittel der Systemrationalität. Denn es sind die funktionell gegeneinander abgegrenzten gesellschaftlichen Subsysteme, als deren Akteure Organisationen ihre Funktionalität beziehen. Ihren Bedingungen gerecht zu werden, bestimmt, ob langfristiges Überleben gelingt oder nicht.

# 4. Die Organisation und ihre Mitglieder

## *4.1 Psychische Systeme als Umwelten von Organisationen*

Wenn über soziale Systeme gesprochen wird, bildet die Teil-Ganzes-Unterscheidung meist die Hintergrundfolie: Der „ganze Mensch" wird traditionell als Teil der Organisation betrachtet. In der neueren Systemtheorie wird eine andere Unterscheidung zugrunde gelegt: die System-Umwelt-Unterscheidung. Zwischen dem einzelnen Menschen (dem menschlichen Körper einerseits/seiner Psyche andererseits) und dem sozialen System (als Kommunikationssystem) wird unterschieden. Bei Verwendung dieses Unterscheidungsschemas werden der Organismus jedes Mitglieds wie auch seine Psyche als *eigenständige* Umwelten (autopoietische Systeme) der Organisation beobachtet: die Organisation als Umwelt der Psyche/des Körpers eines jeden Mitglieds, und die Psyche/der Körper eines jeden Mitglieds als Umwelt der Organisation.

Psyche und Körper der Mitglieder als Umwelten der Organisation zu definieren, ist die direkte und unvermeidliche Folge ihrer Definition als Kommunikationssystem. Wenn die Elemente des Systems *Organisation* Kommunikationen sind, so ist klar, dass weder irgendein Organismus noch irgendeine Psyche Teil der Kommunikation sein kann. Beides sind zwar notwendige Voraussetzungen für das Zustandekommen von Kommunikation, aber trotzdem sind Kommunikationen Phänomene einer anderen Qualität und von ihnen unterscheidbar. Ein menschlicher Körper ist kein mitgeteilter und verstandener Satz, auch wenn sich die Körperhaltung eines Menschen auf ihren Mitteilungsgehalt hin interpretieren lässt. Doch auch dann ist es ein Verhalten, d. h. die Teilnahme an der Kommunikation, die als Mitteilung fungiert, nicht der Organismus selbst.

Analoges gilt für psychische Systeme. Auch sie sind notwendig, damit Kommunikation möglich wird, aber keine individuelle Psyche kann die Inhalte der Kommunikation festlegen, da kein Individuum die Macht darüber hat, wie es bzw. sein Verhalten von anderen verstanden wird.

Die Elemente des Kommunikationssystems erfordern immer mehrere Akteure, sodass Mitteilung, Information und Verstehen in einem Kommunikationsereignis als Baustein der Organisation zusammenfallen können. Nur Kommunikationen können *in ihrer Vernetztheit* soziale Systeme bilden (weil nur sie eine Vielzahl von Akteuren bzw. Aktionen koordinieren können). Nur Kommunikationen können an Kommunikationen anschließen und sich miteinander vernetzen. Oder, um eine der Formulierungen Luhmanns (1997, S. 19) zu verwenden: „Nur Kommunikation kann kommunizieren."

Durch diese Theoriearchitektur wird das Verhältnis biologischer und psychischer Systeme zur Organisation neu definiert. Die Wechselbeziehungen zwischen dem, was sich organisch und/oder intrapsychisch bei jedem einzelnen Mitglied ereignet (physiologische Prozesse/Bewusstsein), und dem, was sich in der Kommunikation ereignet, wird gemäß unterschiedlicher Innen-außen-Unterscheidungen anders *erklärt* als im Teil-Ganzes-Modell.

Werden die Mitarbeiter bzw. ihre psychischen Systeme als Teil der Organisation betrachtet, wird die Organisation zwangsläufig zu einem hyperkomplexen System, angesichts der Tatsache, dass ihre Teile (Psyche und Körper der Mitglieder) schon hochkomplexe Systeme sind. Die Hoffnung, solch ein System jemals in seinem Funktionieren auch nur annähernd zu erfassen, ist nur gering. Werden die beteiligten psychischen und biologischen Systeme hingegen als Umwelten betrachtet, so können sie – jede für sich – weit komplexer sein als die Organisation. Denn Umwelten limitieren immer nur den Freiraum autopoietischer Systeme, sie legen sie bzw. ihre Entwicklung nicht geradling-kausal fest.

Der menschliche Organismus spielt für die Strukturierung von Organisationen nur insofern eine Rolle, als er die Möglichkeiten organisatorischer Prozesse limitiert. So können Menschen nicht 24 Stunden am Tag arbeiten, sie brauchen zu essen und zu trinken, Orte, an denen sie ihre Notdurft verrichten können usw. Darüber hinaus gilt, dass die Mitarbeit in einer Organisation meist an bestimmte körperliche Voraussetzungen gebunden ist. Wenn ein potenzieller Mitarbeiter gesund ist, kann die Organisation mit typischen – d. h. alle Menschen verbindenden – körperlichen Bedingungen als Umwelten der Organisation rechnen. Deswegen werden Betriebskantinen, Toilettenanlagen und Waschräume eingerichtet, und in der Strukturierung der Arbeitszeit werden Ruhephasen, Urlaubs- und Feiertage eingeplant usw.

Jenseits der als selbstverständlich vorausgesetzten körperlichen Ausstattung des Mitarbeiters, sind die internen Prozesse von Organisationen aber so gestaltet, dass auf *individuelle* Besonderheiten keine Rücksicht genommen wird (erst seit relativ kurzer Zeit werden behindertengerechte Arbeitsplätze, Toiletten etc. eingerichtet, aber das in der Regel auch nicht, weil es der Eigenlogik der Organisationen entspricht, sondern weil es politisch gewollt und gesetzlich vorgeschrieben ist). Alle individuellen körperlichen Bedürfnisse der Mitglieder von Organisationen finden keinen offiziellen Raum innerhalb der Organisation, sondern sie sind gewissermaßen „outgesourct“, d. h. dem Bereich des Privatlebens oder speziellen Organisationen zugeordnet (so wird es z. B. nicht gern gesehen, wenn Mitarbeiter ihre sexuellen Bedürfnisse im Büro und während der Dienstzeit befriedigen). Hier kommt es für das Individuum zu einer klaren Innen-außen- Spaltung der Verhaltenserwartungen, denen es gerecht zu werden hat.

Auch die Psyche des Mitglieds ist eine Umwelt der Organisation. Obwohl Kommunikation und psychische Prozesse sich im selben Medium abspielen – das heißt, beide prozessieren Sinn – überschneiden sie sich nicht. Psychische Prozesse und Kommunikationsprozesse ereignen sich in getrennten Phänomenbereichen.

*Abb. 2*

Nicht alles, was das Mitglied einer Organisation wahrnimmt, fühlt oder denkt, gelangt in die Kommunikation. Denn nur ein sehr begrenzter Teil dessen, was sich im Seelenleben eines Individuums abspielt, wird von ihm geäußert. Und: *Was nicht in die Kommunikation kommt, gewinnt keine soziale Existenz oder Bedeutung ...*

Die prinzipielle Trennung und Abgeschlossenheit psychischer Systeme gegenüber sozialen Systemen hat nicht nur für die Konstruktion der Theorie eine Komplexität reduzierende Wirkung, sondern auch für die alltägliche Praxis. Würden alle Wahrnehmungen, Gedanken und Gefühle der Mitglieder einer Organisation in die Kommunikation gebracht, würde es nicht nur sehr laut, unübersichtlich und chaotisch, sondern es entstünde auch noch das Problem, was mit all diesen Inhalten und Themen, diesen Fragen und Antworten, den widersprüchlichen Äußerungen über Befindlichkeiten und den konflikthaften Handlungsaufforderungen usw. tatsächlich geschehen sollte.

Hier findet eine Selektion statt, und es bildet sich ein Unterschied zwischen den Inhalten der Kommunikation und den Inhalten des individuellen Bewusstseins. Dies ist ein Aspekt der Kopplung der Organisation mit den psychischen Systemen der Mitglieder, mit dem gerechnet werden muss. Seine Wirkung kann positiv sein, z. B. im Sinne der Herstellung von Handlungsfähigkeit durch Komplexitätsreduktion; sie kann aber auch negativ sein, wenn in der Kommunikation nicht hinreichend komplexe Wirklichkeitskonstruktionen erzeugt werden, sodass die Organisation „blöder" als ihre einzelnen Mitarbeiter sein kann (vgl. Simon 2004).

Die Tatsache, dass psychische Systeme der Beobachtung durch Fremde nicht direkt zugänglich sind, eröffnet jedem Individuum die Freiheit des Denkens und Fühlens. Wer nicht sagt, was er meint, braucht keine sozialen Sanktionen zu fürchten. Er braucht sich nicht die Ursache für soziale Geschehnisse zuzuschreiben, keine Verantwortung zu übernehmen usw.

Das Nicht-in-die-Kommunikation-Kommen individueller psychischer Inhalte, Themen, Meinungen, Wahrnehmungen, entlastet die Organisation davon, sich mit ihnen auseinandersetzen zu müssen. Von ihnen ist de facto abstrahiert, sie bleiben dissoziiert. Das ermöglicht die Konzentration der organisatorischen Aktivitäten auf bestimmte sachliche Ziele und Zwecke (wie immer die auch ausgewählt sein mögen). Das Risiko dieser – nicht nur theoretischen, sondern auch operationalen – Trennung psychischer und sozialer Systeme ist allerdings, dass auch die Kompetenzen und Fähigkeiten der Mitglieder nicht zwangsläufig zu Kompetenzen und Fähigkeiten der Organisation werden.

Zentrale Bedeutung hat in dieser Hinsicht die Wahrnehmungsfähigkeit (vgl. Luhmann 1993, S. 305). Die Organisation ist auf die psychischen Systeme ihrer Mitglieder unverzichtbar angewiesen, da sie selbst *nicht* über Mittel der sinnlichen *Wahrnehmung* verfügt. In dieser Hinsicht besteht eine vollkommene Abhängigkeit der Organisation vom Bewusstsein ihrer Mitglieder als relevanter Umwelt. Wenn deren Wahrnehmungen nicht kommuniziert werden, so nimmt die Organisation nicht wahr ...

Auf die Potenziale der Mitarbeiter – auch ihrer Wahrnehmungen – wird generell von der Organisation nur selektiv zugegriffen. Der Rest fällt in die „Indifferenzzone". Ob ein Buchhalter auch noch gut die Querflöte bläst, macht für die Organisation keinen Unterschied. Und wenn alle Mitarbeiter persönlich wahrnehmen, dass Veränderung notwendig ist, aber keiner dies thematisiert, wird es zu keiner Veränderung kommen ...

Da die Psyche des Mitglieds nicht Teil der Kommunikation der Organisation ist, hat jedes Mitglied gegenüber „seiner" Organisation und ihren kommunikativen Spielregeln zwangsläufig die Perspektive des außenstehenden Beobachters. Da psychische Systeme und Organisationen autonom und strukturdeterminiert funktionieren, gibt es zwischen dem, was psychisch geschieht, und dem, was in der Organisation geschieht – und sei es auch in der vermeintlich „charismatischen" Psyche eines Vorstandsvorsitzenden, CEOs, Präsidenten, Kardinals, Generals etc. –, keine geradlinige Ursache-Wirkungs-Beziehungen.

Wenn zwei autopoietische Systeme (Psyche/Organisation) eine gemeinsame Geschichte durchlaufen, in deren Verlauf sie füreinander als relevante Umwelten wirksam werden und sich gegenseitig irritieren, stören, anregen – welchen Begriff man dafür auch immer wählen mag –, so bestimmt das eine die Bedingungen des anderen, das seinerseits die Bedingungen des einen bestimmt. Es ist im Prinzip wie in einer Ehe, in der keiner den Partner oder die Partnerin ungestraft „wegdenken“ kann bzw. sich dauernd damit arrangieren muss, was der oder die sich wieder hat einfallen lassen. Eine Ko-Evolution, ein zirkulärer Prozess, wo jeder de facto in der Interaktion mit dem anderen dessen (und damit rückgekoppelt seine eigenen) Handlungs- und Überlebensbedingungen bestimmt. Beide Systeme bilden eine Einheit, die sich gemeinsam entwickelt und verändert. Jedes der beiden Systeme verändert im Laufe dieser wechselseitigen „Irritations-“ oder „Lerngeschichte“ seine internen Strukturen.

Diesen Typus von System-Umwelt-Beziehung nannte Maturana (1975) „strukturelle Kopplung“, und diese Art der Geschichte „strukturelles Driften“: Die Strukturen von Systemen sind in ihrer individuellen Entwicklung aneinander gekoppelt. Auch hier hatte er ursprünglich biologische Systeme und ihre Interaktionspartner im Sinn, aber das Schema erfasst auch die Logik der Beziehung zwischen Organisationen und ihren Mitgliedern.

Strukturell gekoppelt heißt hier, dass die Mitglieder in der Lage sind, die Strukturen der Organisation zu beeinflussen (wobei Absicht und Wirkung sehr verschieden sein können), und Organisationen verändernde Wirkungen auf die Psyche ihrer Mitglieder haben (ebenfalls in einer nicht eindeutig vorhersehbaren Weise).

> „Die Grenze zwischen psychischen und sozialen Operationen mag auf der operativen Ebene eindeutig, scharf und unüberwindbar gezogen sein. Das verhindert jedoch nicht, sondern provoziert geradezu, dass dies in den jeweiligen Systemen reflektiert wird. Die undurchschaubare Differenz irritiert sowohl die psychischen als auch die sozialen Systeme“ (Luhmann 2000, S. 116).

Was in der Organisation geschieht, kann psychische Folgen für ihre Mitglieder (z. B. für deren Motivation) haben, und dasselbe gilt in umgekehrter Richtung. Wenn Mitarbeiter sich unzufrieden, überfordert, unterfordert usw. fühlen, so kann das Auslöser für Veränderungen innerhalb der Organisation sein. Beides muss aber nicht der Fall sein. Denn die damit verbundenen Chancen wie Risiken sind daran gebunden, dass die psychische Reflexion oder Resonanz organisatorischer Verhältnisse ihrerseits eine Reflexion oder Resonanz innerhalb der Kommunikation der Organisation findet und umgekehrt.

Legt man zugrunde, dass bei der strukturellen Kopplung zwischen Mitgliedern und Organisationen beide Systeme sich nicht nur gegenseitig irritieren, sondern darüber hinaus gegenseitig die Bandbreite ihrer Verhaltensmöglichkeiten begrenzen, so zeigt sich die strategische Bedeutung der Personalarbeit. Strukturelle Kopplung bedeutet, dass die Organisation die Operationsmöglichkeiten der Psyche und die Psyche die der Organisation einschränken. Die Personen, die ins Spiel kommen, bestimmen zu einem guten Teil, wie die Organisation in Zukunft entscheiden wird. Aber nicht nur die Rekrutierung, Auswahl und Entwicklung des Personals hat eine entscheidende Bedeutung für die Entwicklungsmöglichkeiten einer jeden Organisation, sondern auch die Frage, wie die nicht der direkten Beobachtung zugänglichen, psychischen (sensorischen, geistigen, kreativen, emotionalen etc.) Potenziale der Mitarbeiter überhaupt in die Wahrnehmung der Organisation gebracht werden können. Denn – um das zu wiederholen – was nicht in die Kommunikation kommt, gibt es in der Organisation nicht ...

## 4.2 Die Kopplung von Personen und Rollen

Wenn ein Individuum nicht als „ganzer Mensch“ Teil der Organisation sein kann, wie kommt es dann überhaupt in ihr vor? Antwort: als Person.

Das setzt natürlich eine Definition von Person voraus, die nicht identisch ist mit „ganzer Mensch“ und auch nicht mit „psychischem System“: Die *Person* ist eine fiktive Einheit, die in der Kommunikation konstruiert wird.

Dass mit dem Begriff *nicht* ein psychisches System bezeichnet wird, legt auch die Begriffsgeschichte nahe. Im Altertum wurde damit die Maske (vom lat. *per* „durch“ und *sonare* „tönen“) bezeichnet, die im Theater der Schauspieler trug, um einen bestimmten Charakter darzustellen. Die Verbindung zu Rollen, die gespielt werden, ist hier benannt, und die Tatsache, dass es um einen äußeren Schein (Maske = Person) geht und nicht um das, was sich hinter ihr tatsächlich (= Psyche/Organismus) ereignet.

Die systemtheoretische Sicht schließt hier unmittelbar an: „Der Begriff *Person* soll uns unter Rückgriff auf einen alten Sprachgebrauch dazu dienen, sowohl Autor, als auch Adresse, als auch ein Thema in *Kommunikationssystemen* zu bezeichnen" (Luhmann 2000, S. 89).

Es wird also gewissermaßen nur die „Außenseite" dessen benannt, was wir üblicherweise unter einem Individuum (der Einheit aus biologischem und psychischem System bzw. ihrer internen Prozesse) verstehen. Man kann über psychische Prozesse (Persönlichkeit, Charakter, Motive, Wahrnehmungen, bewusste und unbewusste Wünsche usw.) kommunizieren, auch wenn sie nicht direkt beobachtbar sind, indem die *Person* – als eine Art Container – konstruiert wird, der charakteristische Eigenarten und Merkmale der Unterscheidung zugeschrieben, d. h. hypothetisch unterstellt, werden. Und es genügt der Kommunikation „für die Fortsetzung ihrer eigenen Operationen, *die Einheit von Individuum und Person als operative Fiktion zu unterstellen.* Eine Person wird deshalb so behandelt, als ob sie ein menschliches Individuum wäre; und ihre Identität verhilft dazu, die Unkenntnis mit Bezug auf körperliche und mentale Prozesse zu spezifizieren, auf die ein soziales System für die Durchführung eigener Operationen angewiesen ist. [...] Personen entstehen also durch Teilnahme von Menschen an Kommunikation [...] Sie leben nicht, sie denken nicht, sie sind Konstruktionen der Kommunikation für Zwecke der Kommunikation" (Luhmann 2000, S. 90 f.).

Die Kommunikation reagiert nie direkt auf ein psychisches System (es ist von außen nicht wahrnehmbar), sondern immer auf dessen vermeintlichen Ausdruck: Verhalten und andere Äußerlichkeiten (z. B. Kleidung, Präsentation von Statussymbolen etc.), d. h. den Schein, ein Image, die „performance". Das gilt aber nicht nur in der Beziehung des Individuums zur Organisation, sondern bei allen sozialen Systemen. Auch die Mitglieder einer Familie sind als Personen soziale Konstrukte.

Ganz allgemein lassen sich soziale Systeme danach unterscheiden, ob eher die *Personen* oder *sachliche* Inhalte und Themen im Mittelpunkt der Aufmerksamkeit stehen und dadurch die Logik der Kommunikation gestalten. In Familien geht es, um die Extreme zu benennen, eher um die Personen, in Organisationen eher um Sachthemen. Dazwischen gibt es alle möglichen Mischformen von Systemen. Und in Familienunternehmen kommt es zur Kopplung zweier Systemtypen mit einer unterschiedlichen Fokussierung der Aufmerksamkeit und Funktionslogik (vgl. Simon 2002; Simon, Wimmer u. Groth 2005).

Wenn wir das Schauspiel als Metapher für soziale Systeme nehmen, so sind an den meisten aktuell inszenierten Geschichten eine Vielzahl von Personen beteiligt, die der Autor konstruiert hat (im Gegensatz zu „richtigen" Personen, die vom alltäglichen Kommunikationsprozess konstruiert werden). Der „ganze Schauspieler" (Individuum) kann im Prinzip sehr unterschiedliche, wenn auch nicht alle Personen darstellen (Alter, Geschlecht usw. ermöglichen eben nicht jedem, den jugendlichen Liebhaber „zu geben"). Sie alle sind mit seiner psychischen und körperlichen Ausstattung – Umwelten des sozialen Systems – kompatibel.

Die Schauspielmetapher bringt aber noch einen anderen Aspekt ins Blickfeld: Funktionen, die innerhalb eines sozialen Systems zu realisieren sind. In der Dramaturgie von Theaterstücken oder Drehbüchern wird die Erfüllung bestimmter Aufgaben dadurch sichergestellt, dass es charakteristische *Rollen* (vom Helden bis zum Schurken) gibt, denen umschriebene, den Handlungsverlauf strukturierende *Funktionen* zugeordnet werden (Vogler 1998). Im konkreten Drama sind es bestimmte Personen, denen (vom Autor) charakteristische Rollen zugeschrieben sind. Diese Personen können sich im Laufe des Geschehens vom Schurken zum Helden wandeln und umgekehrt. Daraus gewinnt die Geschichte ihre Spannung.

Schauspieler (= konkreter, unverwechselbarer „ganzer Mensch"/ Individuum), Person (= konstruierte/erfundene Fiktion eines ganzen Menschen) und Rolle (= Funktion innerhalb der Handlung) auseinanderzuhalten, erscheint vor allem dann sinnvoll, wenn das Stück *immer wieder* und mit *wechselnden* Schauspielern gespielt werden soll. Dann nämlich lassen sich die drei Einheiten Individuum, Person und Rolle klar unterscheiden und unabhängig voneinander kombinieren. Derselbe Schauspieler kann unterschiedliche Personen spielen, und die Personen können unterschiedliche Rollen innehaben.

Nehmen wir als gegeben, dass in der Alltagskommunikation der Organisation (anders als im Theater) nicht zwischen Individuum und Person unterschieden wird („operative Fiktion"), so können Personen und Rollen entkoppelt werden. So wie jede einzelne Person unterschiedliche Rollen ausfüllen kann, kann jede Rolle von unterschiedlichen Personen ausgefüllt werden. Das schafft auf beiden Seiten Freiheitsgrade und Entscheidungsspielräume. Dieselbe Person kann z. B. Karriere machen und im Laufe der Zeit verschiedene Rollen einnehmen.

„Rolle" ist eines der klassischen Konzepte der Soziologie (Linton 1936). Bezeichnet wird damit ein Bündel charakteristischer Verhaltenserwartungen. Unterschiedliche Personen als Träger *derselben* Rollen sind mit *denselben* Verhaltenserwartungen konfrontiert. Durch Konstanz der Rollen können Verhaltensmuster über die Zeit reproduziert und soziale Strukturen stabil erhalten werden, auch wenn die konkreten Akteure (Personen) ausgetauscht werden.

Für Organisationen zentral ist dabei die Unterscheidung zwischen den Rollen Mitglied/Nichtmitglied. Eine Person, die – durch das Unterschreiben eines Vertrages kommunikativ ratifiziert – die Rolle des Mitglieds übernimmt, verpflichtet sich, bestimmten Verhaltenserwartungen gerecht zu werden. Das bezieht sich, je nach Organisation, auf weitere oder engere Verhaltensbereiche: vom pünktlichen Erscheinen am Arbeitsplatz über die Einhaltung einer typischen Kleiderordnung bis hin zu Schweigegeboten über Interna oder die Befolgung der Anordnungen von Vorgesetzten. Ein autonomes Individuum verzichtet in gewissen Bereichen des eigenen Lebens darauf, seinen theoretisch gegebenen Freiraum zu nutzen. Es lässt sich seine Unberechenbarkeit („Nicht-Trivialität"), d. h. die Nicht-Erwartbarkeit seines Verhaltens, gegen ein mehr oder weniger angemessenes Schmerzensgeld abkaufen.

> „Sachlich ermöglicht die Mitgliedschaft eine doppelte Rahmung der kommunikativen Operationen des Systems. Nach außen grenzt sich das System durch die Unterscheidung von Zugehörigkeit/Nichtzugehörigkeit ab. Nichtzugehörigkeit markiert prinzipielle Indifferenz, die nur ausnahmsweise nach Maßgabe der Eigendynamik des Systems in Relevanz umgewandelt wird. Intern entsteht durch die geringe Spezifikation der Mitgliedsanforderungen ein Medium, das weiterer Spezifikationen bedarf; [...] ein Medium, das weitere interne Unterscheidungen als Rahmen ermöglicht, in denen dann das Verhalten mit einem Rest an Spontaneität, aber erwartbar, festgelegt werden kann" (Luhmann 2000, S. 112).

Die Mitgliedsrolle stellt einen logisch übergeordneten Rollentypus dar, innerhalb dessen sich unterschiedliche Spezialrollen ausdifferenzieren können: vom Nachtwächter bis zum Generaldirektor. Allen gemeinsam ist, dass Person und Rolle unterscheidbar sind, sodass unterschiedliche Personen unterschiedliche Rollen einnehmen können und umgekehrt. Das ist nicht selbstverständlich. In feudalen Zeiten waren z. B. bestimmte Rollen an die Geburt in eine bestimmte Familie, Kaste oder Korporation gebunden. Nun kommen (im Idealfall) sachliche Kriterien ins Spiel. Durch die Entkopplung von Person und Rolle ergibt sich die Möglichkeit, über ihre Kopplung bewusst zu entscheiden: Wer bekommt welchen Posten? Wie wird welche Stelle besetzt? Und welches sind die sachlichen – oder persönlichen – Kriterien, die diese Wahl leiten? Und auf der Gegenseite: Welche Arbeit akzeptiere ich als Mitglied der Organisation unter welchen Bedingungen usw.?

Die Funktion der Mitgliedsrolle besteht darin, den Verhaltensspielraum von Akteuren, deren Verhalten prinzipiell aufgrund ihrer Innensteuerung nicht prognostizierbar ist, so einzuschränken, dass es (innerhalb gewisser Bandbreiten) erwartbar wird.

> „Jeder kann immer auch anders handeln und mag den Wünschen und Erwartungen entsprechen oder auch nicht – aber nicht als Mitglied einer Organisation. Hier hat er sich durch Eintritt gebunden und läuft Gefahr, die Mitgliedschaft zu verlieren, wenn er sich hartnäckig querlegt. Mitgliedschaft in Organisationen ist mithin kein gesellschaftlich notwendiger (obwohl heute in vielen Hinsichten fast unvermeidlicher) Status. Mitgliedschaft beruht auf Mobilität, und Mobilität muss gesellschaftlich zugelassen sein. Sie wird durch Entscheidung (und hier typisch: eine Kombination von Selbstselektion und Fremdselektion) erworben und kann durch Entscheidung (hier entweder Austritt oder Entlassung) verloren gehen" (Luhmann 1997, S. 829).

Dadurch, dass über Mitgliedschaft entschieden wird, potenzieren sich die Möglichkeiten der Kopplungen von Personen und Handlungen (Akteuren und Aktionen) enorm und sie werden der ungesteuerten Evolution entzogen. Nicht mehr Zufall und Notwendigkeit bestimmen allein, wie sie kombiniert werden, sondern es wird möglich, sich in diesen Selektionsprozess zielgerichtet einzumischen, indem bestimmte Personen mit bestimmten Kompetenzen ausgewählt werden und zur Zusammenarbeit mit anderen Personen, die sie nicht selbst ausgesucht haben oder hätten, zu „verpflichten“(!). So können Kommunikationssysteme entstehen, die sich spontan nie gebildet hätten: Organisationen.

## 4.3 Erwartungen und Strukturen

Von der Rolle als einer Menge von Erwartungen ist es nicht weit zur Struktur einer Organisation.

> „Unter der Struktur von etwas werden die Bestandteile und Relationen verstanden, die in konkreter Weise eine bestimmte Einheit und ihre Organisation verwirklichen“ (Maturana u. Varela 1984, S. 54).

Obwohl hier der Begriff der Organisation für das abstrakte Muster der Relationen zwischen den Elementen eines Systems verwendet wird, ist die durch die Doppeldeutigkeit des Organisationsbegriffs mögliche Übertragung auf unseren Gegenstand, den als *Organisation* bezeichneten Typus sozialer Systeme, angemessen.

Maturana und Varela unterscheiden die „Organisation“ eines Systems (als abstraktes *Muster der Relationen* der Elemente) von der „Struktur“ des Systems. Letztere besteht aus den *Elementen plus ihren Relationen*. Die konkreten Elemente sind dabei austauschbar, die Organisation des Systems bleibt invariant.

> „So besteht die Organisation zur Steuerung des Wasserpegels in einem Spülkasten des Wasserklosetts aus den Relationen zwischen einem Gerät, das fähig ist, den Wasserzufluss zu unterbinden. Im häuslichen WC wird diese Geräteklasse heute mit einem System aus verschiedenen Materialien wie Kunststoff und Metall verwirklicht, das aus einem Schwimmer und einem Durchflussventil besteht. Diese besondere Struktur konnte aber dadurch verändert werden, dass der Kunststoff durch Holz ersetzt wird, ohne dass damit die Organisation, die das Ding zu einem Spülkasten macht, betroffen wäre“ (Maturana u. Varela 1984, S. 54).

Überträgt man dieses Spülkasten-Modell auf die Struktur von Organisationen (= sozialen Systemen), so gibt es unterschiedliche Möglichkeiten, ihre Bestandteile zu definieren. Da Organisationen sich nicht aus materiellen Bestandteilen zusammensetzen, sondern – unserer Argumentation nach – aus Kommunikationen (= Elementen), besteht die Struktur der Organisation aus Kommunikationen und ihren Relationen (d. h. aus ihrer raum-zeitlichen Ordnung: Kommunikationen, die gleichzeitig und/oder nacheinander erfolgen).

> „Strukturwert gewinnen diese Relationen nur dadurch, dass die jeweils realisierten Relationen eine Auswahl aus einer Vielzahl von kombinatorischen Möglichkeiten darstellen und damit die Vorteile, aber auch die Risiken einer selektiven Reduktion einbringen. Und nur diese Auswahl kann beim Auswechseln der Elemente konstant gehalten, das heißt mit neuen Elementen reproduziert werden.
>
> Eine Struktur besteht also, was immer sie sonst sein mag, in der Einschränkung der im System zugelassenen Relationen. Diese Einschränkung konstituiert den Sinn von Handlungen, und im laufenden Betrieb selbstreferentieller Systeme motiviert und plausibilisiert der Sinn einer Handlung dann natürlich auch das, was als Verknüpfbarkeit einleuchtet" (Luhmann 1984, S. 383 f.).

Da Kommunikationen – im Gegensatz zu den Bauteilen eines Spülkastens – nicht aus einem beständigen Material sind, sondern als Ereignisse nur für einen Augenblick aufscheinen und sofort wieder vergehen, ergibt sich die Frage, wie es der Organisation gelingt, ihre Elemente (Kommunikationen) in der für sie charakteristischen Ordnung (Relationierung) zu reproduzieren.

Die Antwort kennen wir schon vom Phänomen der Rollenbildung: durch die Kommunikation von Erwartungen.

Wenn Erwartungen kommuniziert werden und Erwartungen erwartet werden können, so führt dies mit einer gewissen Wahrscheinlichkeit zur Erfüllung der Erwartungen (zumindest wenn durch Verträge die wechselseitige Verpflichtung, Erwartungen zu erfüllen, eingegangen wurde). Ist erst einmal „versprochen", Erwartungen zu erfüllen, muss die Enttäuschung dieser Erwartungen begründet werden. Das steigert die Wahrscheinlichkeit ihrer Erfüllung.

Erwartungen erleichtern die Koordination der Handlungen einer Vielzahl von Akteuren schon deshalb, weil die Beteiligten *nicht alles* zu erwarten haben. Dadurch wird die Komplexität ihrer Situation, die Menge der Möglichkeiten, radikal reduziert. Je eindeutiger die erwarteten Handlungen definiert sind, umso größer die Wahrscheinlichkeit, dass sie realisiert werden. Wer zum Friseur geht, um sich die Haare schneiden zu lassen, kann damit rechnen, dass ihm nicht der Zahn gezogen wird. Von den Erwartungen abweichendes Verhalten bedarf der expliziten Begründung. Wer den Erwartungen entspricht, braucht dies nicht zu rechtfertigen. Sein Handeln erscheint selbstverständlich und sinnvoll, es ist „anschlussfähig", das heißt, alle anderen wissen auch, was sie zu tun haben. Nur auf der Basis von Erwartungen, die über die Zeit tradiert werden, können soziale Strukturen (nicht nur in Organisationen) erhalten werden, das heißt, ihre Elemente (Kommunikationen) können immer wieder neu reinszeniert werden.

> „Erwartungsstrukturen sind zunächst ganz einfach Bedingungen der Möglichkeiten anschlussfähigen Handelns und insofern Bedingungen der Möglichkeit der Selbstreproduktion der Elemente durch ihr eigenes Arrangement. Die Elemente müssen, da zeitgebunden, laufend erneuert werden; sonst würde das System aufhören zu existieren. Die Gegenwart entschwände in die Vergangenheit und nichts würde folgen. Dies ist nur zu verhindern dadurch, dass der Handlungssinn in einem Horizont der Erwartung weiteren Handelns konstruiert wird – sei es, dass man Fortsetzung einer sinnverdichteten Sequenz erwartet so wie beim Wählen einer Telefonnummer die nächste Zahl; sei es, dass man komplementäres andersartiges Verhalten erwartet so wie beim Klingeln das Öffnen der Tür. Es scheint dann so, als ob das Handeln sich selbst seiner momenthaften Vergänglichkeit entzieht, sich über sich hinausschwingt" (Luhmann 1984, S. 392).

Der hier verwendete Strukturbegriff bezieht sich auf die repetitiven, internen Prozesse der Organisation, d. h. die raum-zeitliche Ordnung von Handlungen bzw. der sie qualifizierenden und „verzahnenden" Kommunikationen.

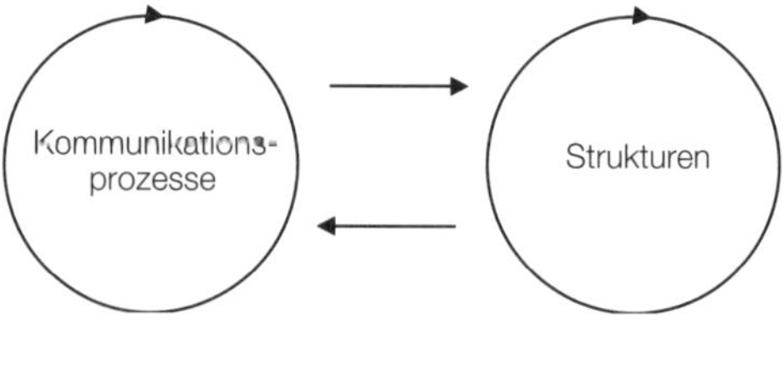


*Abb. 3*

Man kann Struktur innerhalb des theoretischen Paradigmas aber auch konkreter definieren, indem die *Relationen* zwischen *Rollen* (als geordnete Mengen von Erwartungen) oder *„Stellen"* in den Fokus der Aufmerksamkeit gerückt werden. Und statt der Rollen oder Stellen können *Organisationseinheiten* und deren Relationen bzw.

die an sie gerichteten (und von ihnen immer wieder erfüllten) Erwartungen als Elemente der Organisationsstruktur betrachtet werden. Aber auch für sie gilt, dass sie nur als Resultat immer wieder neu realisierter Kommunikationsprozesse erhalten bleiben.

## 4.4 Spiele und Regeln

Obwohl in der von Luhmann inspirierten Organisationstheorie der Begriff Spiel nicht auftaucht und auch auf Regeln nur gelegentlich Bezug genommen wird, soll hier ein Blick auf diese beiden, eng verbundenen Konzepte geworfen werden. Der Grund dafür ist, dass sie nicht nur im systemischen Feld eine lange Tradition haben (vgl. Bateson 1954, S. 241 ff.; Watzlawick et al. 1967), sondern auch als analytisches Instrumentarium der Organisationstheorie nützlich erscheinen und verwendet werden (vgl. Crozier u. Friedberg 1977).

> „Ein Spiel ist eine Tätigkeit, ebenso wie denken und rechnen. Die Regeln des Schachs z. B. legen fest, welche Züge erlaubt sind und welche nicht. Manchmal fordern sie, dass ein ganz bestimmter Zug gemacht wird. […] Wenn jemand nicht in Übereinstimmung mit den Regeln des Schach spielt, würden wir von ihm sagen, dass er entweder nicht richtig spielt oder dass er überhaupt nicht Schach spielt. Ersteres würden wir sagen, wenn er den Regeln zwar folgen wollte, aber nicht wusste bzw. nicht verstand, was sie von ihm forderten; oder wenn er seinen Gegner zu betrügen versuchte. Letzteres würden wir sagen, wenn er gar keinen Wert darauf legt, den Regeln zu folgen, oder bewusst und konsequent nach andern Regeln spielte“ (v. Wright 1963, S. 23).

Die Anwendung des Spielkonzepts auf die Organisation hat einige Vorteile: Da es an Alltagsvorstellungen anschließt, ermöglicht es zu veranschaulichen, dass ein Schachspieler *nicht* als Teil des Schachspiels zu betrachten ist; dass die Spieler austauschbar sind und (nur deswegen) die Spielregeln über längere Zeit dieselben bleiben können; dass das Spiel über die Jahrhunderte nur deswegen „überleben“ konnte, weil es immer wieder neu gespielt wurde; vor allem auch: dass die so bezeichneten Interaktions- und Kommunikationsprozesse nicht ohne die Aktivitäten irgendwelcher Spieler (Akteure) realisiert werden können.

Nachteil ist, dass möglicherweise nicht deutlich genug ist, dass ohne Kommunikation kein Spiel zustande kommt. Es geht immer um „Sprachspiele“ (Wittgenstein 1952, § 7, S. 241). Denn im Spiel werden die Aktionen einer Vielzahl von Teilnehmern auf eine Weise koordiniert, die Kommunikation als generierenden Mechanismus voraussetzt bzw. mit ihr identisch ist.

Weiteres Problem: Die Aufmerksamkeit wird auf die Spieler (Akteure) fokussiert, wodurch nur zu leicht suggeriert wird, die Regeln des Spiels seien das Resultat individueller Aktivitäten der Spieler, die durch deren individuelle Motive *erklärt* werden könnten. Für die Muster der Interaktion, wie sie sich spontan („emergent“) im Zusammenleben einer Hausgemeinschaft – zwei Menschen vor einer Tür arrangieren sich – entwickeln, mag eine solche Zuschreibung angemessen sein, nicht aber für Organisationen (oder Schach und andere „Gesellschaftsspiele“). Hier ist es umgekehrt: Die Spielregeln können das Verhalten der Teilnehmer erklären. Ihre Motive können nur erklären, *dass* sie sich am jeweiligen Spiel beteiligen, nicht *welches* Spiel gespielt wird oder gar, *wie* seine Regeln – oft lange bevor die Spieler das Licht der Welt erblickten – entstanden sind. Dass Spiele eine von den konkreten Spielern und deren individuellen Interessen unabhängige Eigenlogik besitzen können, gerät so leicht aus dem Blickfeld (gut zu studieren bei den in der Mainstream-Betriebswirtschaft so populären Ansätzen der „Spieltheorie“).

Diesen Einwänden zum Trotz soll hier von Spielen und Regeln die Rede sein, denn sie können die strukturelle Kopplung zwischen Individuen und sozialen Systemen analytisch gut erfassen. Die Aufrechterhaltung von *Organisationsstrukturen* kann durch die repetitive Anwendung von Spielregeln (= Routinen) erklärt werden. Dabei ist nicht gesagt, dass die Mitglieder einer Organisation sich „wirklich“ oder gar bewusst an die jeweils von außen beobachteten Spielregen halten. Aber wenn sie sich an die jeweiligen Spielregeln halten würden, dann wären die beobachteten Strukturen die Folge. Aufgrund dieser Hypothese kann man z. B. versuchen, zielgerichtet durch die Einführung neuer Spielregeln neue Strukturen zu etablieren bzw. alte zu verändern …

Nützlich erscheint, zwei Typen von Regeln zu unterscheiden: „deskriptive“ (beschreibende) und „präskriptive“ (vorschreibende) Regeln (v. Wright 1971). Die präskriptiven Regeln lassen sich noch einmal unterscheiden in „Gebote“ (Programme, Rezepte etc.) und „Verbote“ (Tabus, Grenzsetzungen etc.).

Naturgesetze sind deskriptive Regeln. Sie beschreiben eine Ordnung, die als *gegeben* angesehen wird und nicht als Gegenstand menschlicher Entscheidungen zur Disposition gestellt wird. Bei den vorschreibenden Regeln ist die Lage anders: Hier wird (bewusst oder unbewusst, zielgerichtet oder nicht zielgerichtet) eine Ordnung *hergestellt*. Sie sind das Resultat von Entscheidungen. Gebote und Verbote sorgen dafür, dass Erwartungen entstehen und bestätigt werden, und Erwartungen sorgen dafür, dass Gebote und Verbote befolgt werden.

Gebote und Verbote definieren den Handlungsspielraum, innerhalb dessen die Mitglieder frei entscheiden können. Man „muss“ bestimmten Geboten folgen und die erwarteten Verhaltensweisen zeigen (z. B. regelmäßig zur Arbeit erscheinen) und die untersagten Verhaltensweisen vermeiden (z. B. keine silbernen Löffel mitgehen lassen). Gebote initiieren bestimmte Akte, die sonst nicht vollzogen würden, Verbote führen zu Unterlassungen, das heißt, sie verhindern, dass etwas Unerwünschtes getan wird. Der Verbindlichkeitsgrad solcher Gebote und Verbote ist unterschiedlich. Denn im Unterschied zu Naturgesetzen muss man sie nicht befolgen. Man könnte sich immer auch anders verhalten und die Erwartungen enttäuschen. Doch in Organisationen hat das *in der Regel* Konsequenzen. Wer die Grenzen des ihm zugebilligten Freiraums überschreitet, weicht von den an die Mitgliedschaft gebundenen Erwartungen ab. Die Regelbefolgung wird beobachtet und positiv oder negativ sanktioniert. Das weiß man als Mitglied, und damit kann und muss man rechnen, wenn man seine Entscheidungen trifft.

Die Etablierung von neuen *Geboten* ist ein Weg, um neue Verhaltensmuster und Strukturen in einer Organisation einzuführen, die von *Verboten*, alte außer Kraft zu setzen. Dabei ist es naturgemäß einfacher, durch Reglementierung alte Muster zu verhindern, als neue zu implementieren. Beides ist daran gebunden, dass Befolgung wie Nichtbefolgung der Regeln in der Organisation beobachtet wird und Konsequenzen hat (positive oder negative, d. h. Abweichung verstärkende oder verringernde Feedback-Schleifen).

# 5. Die Beobachtung der Organisation

## 5.1 *Unterscheiden und Bezeichnen*

Die Formulierung „Beobachtung der Organisation“ ist doppeldeutig. Sie kann entweder bedeuten, dass (1) die Organisation beobachtet wird, oder (2) die Organisation beobachtet. Und wenn man beide Bedeutungen kombiniert, dann kann – nicht direkt durch die Formulierung suggeriert, aber doch ableitbar – sie auch noch als Kombination beider Bedeutungen verstanden werden: dass (3) die Organisation sich selbst beobachtet und von sich selbst beobachtet wird.

Wenn bislang über Organisationen gesprochen wurde, so war es stets aus der Perspektive des außen stehenden Beobachters („Beobachtung 2. Ordnung“). Aber im Rahmen einer Theorie der Organisation, in der ihr Handlungen zugeschrieben werden, erscheint es unverzichtbar zu analysieren, wie Organisationen sich und ihre Umwelten beobachten („Beobachtung 1. Ordnung“). Denn davon hängt ab, wie sie handeln, wie sie sich zu ihren Umwelten in Beziehung setzen, wie sie ihre internen Strukturen erhalten oder verändern usw.

Sowohl das Zuschreiben der Möglichkeit des Handelns als auch des Beobachtens setzt voraus, dass Begriffe, die auf menschliche Individuen als handelnde Einheiten gemünzt sind, auf ein soziales System übertragen werden. Wenn Individuen und Organisationen als *Akteure* betrachtet werden, so müssen beide Begriffe genauer definiert werden, um der Gefahr zu entgehen, dass mit der Begrifflichkeit implizit Bedeutungen transportiert werden, die dem Gegenstand nicht angemessen sind.

Über die Handlungen von Organisationen ist schon einiges gesagt worden. Auch wenn es immer Menschen sind, deren Verhalten direkt beobachtet werden kann, so kann dies doch „im Namen“ einer Organisation erfolgen. Es ist ein stillschweigendes Einverständnis, dass der „Vertreter“ einer Organisation nicht primär aus eigenen Interessen und Motiven heraus handelt, sondern als „Bevollmächtigter“ der Organisation (z. B. als ihr „Organ“). Nicht die Hand gibt eine Ohrfeige, sondern ihr Besitzer, und genauso vollzieht der „Repräsentant“ der Organisation ihre Handlungen.

Es wird also, wenn über die Handlungen einer Organisation gesprochen wird, auf das Verhalten von Individuen Bezug genommen. Generell werden nicht alle menschlichen Verhaltensweisen (z. B. einschlafen, träumen, aufwachen) als „Handlungen“ bewertet, sondern nur die, denen eine charakteristische Ursache unterstellt wird: eine Absicht, eine Intention, und damit eine *Entscheidung* des jeweiligen *Akteurs*.

Die Handlungen eines „Vertreters“ der Organisation werden nicht ihm selbst als Akteur, sondern einem davon zu unterscheidenden, *anderen* Akteur kausal zugerechnet: der Organisation.

Anders ist es bei der Beobachtung, denn hier kann *nicht* die Beobachtung eines Mitglieds der Organisation im Sinne eines Bevollmächtigten-Modells als Beobachtung der Organisation bewertet werden. Die Beobachtung eines Mitglieds ereignet sich in einem von der Organisation abgetrennten Phänomenbereich: Es setzt sich aus *psychischen* Ereignissen zusammen. Die Handlungen eines Mitglieds können von vielen verschiedenen Beobachtern beobachtet werden, ihnen kann Sinn zugeschrieben werden, und sie können in der Kommunikation als Handlungen der Organisation qualifiziert werden. Das ist bei den intrapsychisch ablaufenden Beobachtungen eines Individuums nicht der Fall. Wenn die Organisation als *Beobachter* betrachtet werden soll, muss Beobachten als Form der Kommunikation verstanden werden, schließlich entstehen und bestehen Organisationen aus Kommunikationen.

Wenn ein allgemeiner Begriff von Beobachtung gesucht wird, muss er also auf eine Weise definiert werden, die sowohl für psychische als auch für soziale Systeme stimmig ist. Die Basis für solch eine Definition hat der englische Mathematiker George Spencer-Brown in seinem Buch „Laws of Form“ (1969) geliefert. Er zeigt darin, dass sich alle kognitiven Operationen auf ein einfaches Prinzip zurückführen lassen: das *Unterscheiden* („distinction“). Illustrieren lässt sich dies durch das Zeichnen eines Kreises auf einem Blatt Papier.

Durch solch eine Unterscheidung wird ein *Zustand*, *Raum* oder *Inhalt* auf der Innenseite der so gezogenen Grenze vom *Zustand*, *Raum* oder *Inhalt* auf der Außenseite getrennt. Beide Seiten gemeinsam, d. h. die Einheit von Innen und Außen, bilden die „Form“ der Unterscheidung. Das muss hervorgehoben werden, weil wir in unserer Alltagssprache meist „Form“ als Eigenschaft dem beobachteten Gegenstand zuschreiben, d. h. vom Kontext abstrahieren.

Bei der Wahrnehmung, um bei der psychischen Beobachtung zu beginnen, werden Phänomene dadurch unterschieden, dass der Beobachter der einen Seite der Unterscheidung ein oder mehrere Merkmale zuordnet (sieht, hört, riecht, fühlt etc.), die er der anderen *nicht* zuordnet (sei es, weil sie nicht existieren, sei es, weil sie – aus welchem Grund auch immer – nicht in seine Wahrnehmung treten).

Doch zur Beobachtung gehört noch eine zweite Operation: das *Bezeichnen* („indication“). Den beiden Seiten der Unterscheidung kann ein Name gegeben werden oder sie können durch irgendwelche anderen Zeichen „markiert“ werden. Durch sie wird auf die Unterscheidung *hingewiesen*. Oft wird nur der Innenseite, die durch irgendwelche Merkmale „definiert“ wird, ein Name gegeben (z. B. „Ding“, „Objekt“, „Psyche“, „Organisation“, „Gedanke“, „Gefühl“, „Handlung“, „Kommunikation“, *„System“* usw.), aber im Prinzip kann auch der Außenseite, der bestimmte definierende Merkmale fehlen, ein Name gegeben werden (z. B. „Nichts“, „Leere“, „Misserfolg“, „Abwesenheit“, *„Umwelt“* usw.).

Beobachten ist nach dieser Definition eine Konstruktion des Beobachters, durch die er Unterscheidungen in zwei getrennten Phänomenbereichen zueinander in Verbindung setzt: eine „1. Unterscheidung“ (= Unterscheiden von Phänomenen) und eine „2. Unterscheidung“ (= Bezeichnen von Phänomenen).

Die Eigengesetzlichkeit des Bezeichnens ist meist nicht identisch mit der Eigengesetzlichkeit der bezeichneten Phänomene bzw. der sie generierenden Prozesse. Daraus resultiert immer das Risiko, die Merkmale der „Speisekarte“ mit denen der „Speise“ zu verwechseln.

In psychischen Prozessen weisen *Gedanken* und *Gefühle* (2. Unterscheidung) auf unterschiedene *Wahrnehmungen* oder *Gedanken* und *Gefühle* (1. Unterscheidung) hin. In sozialen Systemen funktioniert Beobachtung analog durch kommunikative Prozesse: Gedanken und Gefühle (bezeichnen/indication) werden kommuniziert, die auf Wahrnehmungen oder Gedanken und Gefühle (unterscheiden/distinction) verweisen.

Soziale Systeme können *nicht* selbst *wahrnehmen*, da sie sich aus Kommunikationen zusammensetzen. Daher sind sie darauf angewiesen, dass ihre Mitglieder (psychische Umwelten) ihre Wahrnehmungen zur Verfügung stellen und in die Kommunikation einspeisen. Was sie aber trotzdem (!) können, ist beobachten. Denn auch in der Kommunikation kann *unterschieden* und *bezeichnet* werden.

Da Kommunikation die Handlungen der Mitglieder koordiniert und so die Handlungen der Organisation *steuert*, wird es für das Überleben einer jeden Organisation zur zentralen Frage, an welchen Unterscheidungen sie sich orientiert. Welche Themen treten in den Fokus der Aufmerksamkeit, welche nicht? Welches Selbstbild und welche Modelle der Welt bestimmen ihr Handeln?

## 5.2 Formen der Beobachtung

Um die Beobachtung von Organisationen zu analysieren, müssen die verwendeten Innen-außen-Unterscheidungen (Formen) untersucht werden: Welche Systeme (Einheiten) werden gegen welche Umwelten abgegrenzt, und durch welche Benennungen werden sie markiert. Dabei ist wichtig, immer die beiden Seiten der Unterscheidung zu betrachten. Wird im aktuellen Sprachgebrauch z. B. auf den Unterschied zwischen einem bestimmten Unternehmen und seinen Mitarbeitern oder zwischen ihm und den Kapitalgebern oder den Kunden verwiesen? In jedem Fall handelt es sich um eine andere Form der Unterscheidung, um andere Umwelten des Unternehmens, die nicht ungestraft „weggedacht" werden können. Wenn man theoretisch sehr genau sein wollte, so müsste man eigentlich sagen: Es handelt sich jeweils um andere Unternehmen, auch wenn sie denselben Namen verwenden, weil sie im Kontext einer anderen Beziehung beobachtet werden. Denn aus der Perspektive des Mitarbeiters „ist" das Unternehmen etwas anderes als für einen Investor (= seinen Handlungen wird ein anderer Sinn zugeschrieben usw.).

Um die Bildung von Formen der Beobachtung zu veranschaulichen, bietet sich die von George Spencer-Brown vorgeschlagene Notation an. Er verwendet in seinen „Laws of Form“ ein einfaches Symbol für unterscheidendes Bezeichnen (also Beobachten), mit dessen Hilfe sich auch hochkomplexe Strukturen oder Arrangements darstellen lassen. Es sieht aus wie ein Haken (und wird von manchen Autoren auch so genannt):

Spencer-Brown nennt diesen Marker „Kreuz“ („cross“), um durch diesen mehrdeutigen Begriff (Name, Imperativ, Injunktion) darauf hinzuweisen, dass es bei jeder Beobachtung des Kreuzens einer Grenze bedarf, um als Beobachter vom *unmarkierten* zum *markierten Raum*, *Zustand* oder *Inhalt* zu gelangen. Man muss, beispielsweise, seine Aufmerksamkeit auf einen bislang nicht beachteten Phänomenbereich richten, wenn man etwas bis dahin nicht Wahrgenommenes wahrnehmen will, d. h. die Grenze von „hier“ nach „dort“ kreuzen.

Dieses Kreuz bezeichnet wie der Kreis auf einem Blatt Papier eine Innen-außen-Unterscheidung. Alles, was links vom vertikalen Strich steht, soll dabei innerhalb der durch die Unterscheidung gezogenen Grenze verortet sein, alles was rechts davon steht, außerhalb. Was unter dem waagrechten Strich steht, soll von der Unterscheidung umfasst sein, sodass dargestellt werden kann, wenn mehrere Untereinheiten als Elemente einer (zusammengesetzten) Obereinheit betrachtet werden. In jede Formel können Namen oder Symbole für den eingeschlossenen oder ausgeschlossenen, markierten oder unmarkierten Raum, Zustand oder Inhalt eingeführt werden, sodass die jeweiligen Innen-außen-Unterscheidungen auf einen Blick deutlich werden. (Hier wird deswegen auf diese Notation verwiesen, weil sich so System-Umwelt-Unterscheidungen und ihre Verschachtelungen am einfachsten veranschaulichen lassen.)

Bei der Beobachtung der Organisation ergibt sich eine weitere Frage: Wie werden die unterschiedenen Einheiten zueinander in Beziehung gesetzt? Denn ihre Relationierung bestimmt nicht nur die interne Strukturbildung der Organisation, sondern auch die Beziehungen zu ihren Umwelten.

Da jede Beobachtung auf einer Operation der Unterscheidung basiert, geht es immer um Ein- oder Ausschlussverhältnisse. Entweder eine beobachtete Einheit wird „innen“ verortet oder „außen“. Herr Meier (die Person, nicht der „ganze Mensch“) wird als „Mitglied“ *in* die Organisation aufgenommen (rein) (Abb. 4a), oder er wird entlassen und gilt nun nicht mehr als „Mitglied“ (raus) (Abb. 4b).

*Abb. 4a*

*Abb. 4b*

Diese Art der Innen-außen-Verortung betrifft auch Organisationseinheiten: Die Abteilung „Interne Beratung“ wird heute als „Subsystem“ des „Konzerns X“ definiert (innen), und morgen wird sie „outgesourct“ und als eigenständiges, neues Unternehmen „X-Consulting GmbH“ zu einer Umwelt des alten Unternehmens (außen) (Abb. 5).

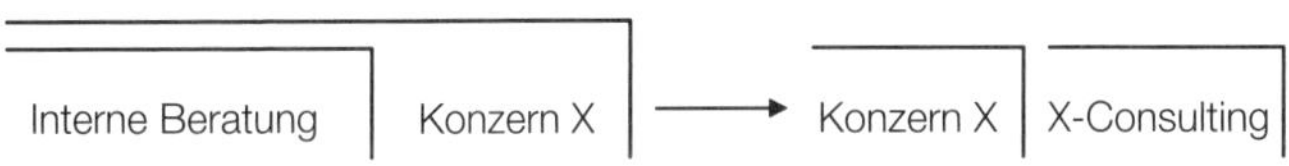


*Abb. 5*

Der dritte, strukturbildende Konstruktionsschritt ist die zeitliche Relationierung im Sinne der Vorher-nachher-Unterscheidung. Wer, beispielsweise, strategische Ziele formuliert, benennt zwei unterschiedene Zustände (z. B. „Ist-Zustand“/“Soll-Zustand“). Er definiert sie inhaltlich und setzt sie so zueinander in Beziehung, dass das Kreuzen der Grenze vom Zustand „vorher“ zum Zustand „nachher“ zum Programm erhoben wird. Implizit ist in diesem Rein-raus-Spiel, d. h. dem Übergang von innen nach außen oder von außen nach innen (je nachdem, ob die Merkmale des Ist- oder des Soll-Zustands definiert sind), die Verortung von beidem in der Dimension Zeit.

Wenn das schlichte Überleben die (systemrationale) Voraussetzung für alle weiteren zweckrationalen Bestimmungen der Organisation ist, so stellt sich die Frage, welche Formen der Beobachtung, d. h. die Orientierung an welchen Unterscheidungen – z. B. zwischen internen Einheiten und ihren Funktionen, zwischen der Organisation und ihren Umwelten, zwischen Gegenwart und Zukunft – für sie überlebensnotwendig und unverzichtbar ist.

## 5.3 Reentry

Aus der Perspektive des außen stehenden Beobachters (Beobachter 2. Ordnung), der die Organisation (Beobachter 1. Ordnung) beim Beobachten beobachtet, kann festgestellt werden, dass sie nur überleben kann, wenn ihr Agieren zu ihren Umwelten, zu denen sie in einem wechselseitigen Abhängigkeitsverhältnis steht, „passt". So verändern Unternehmen durch ihre Produkte die Wirtschaft, Parteien die „politische Landschaft" und Mitarbeiter passen sich den Spielregeln der Organisation an – und manchmal ist es umgekehrt. Der Begriff des „Passens" steht für die „Viabilität" (v. Glasersfeld 1997, S. 17 f.) der Strukturen der Organisation, das heißt, sie kann mit unterschiedlichen Formen der Beobachtung (1. Ordnung) überleben, und es gibt nicht die eine, richtige Selbstbeschreibung, nicht das eine richtige Bild der relevanten Umwelten, nicht die eine richtige Erfolgsstrategie usw., sondern derer viele, die alle mit dem Überleben vereinbar sind ...

Dennoch kann aus der Außenperspektive ganz allgemein gesagt werden, dass jede Organisation vor der Aufgabe steht, in ihrer internen Kommunikation die Unterscheidung zwischen sich selbst („Selbstreferenz") und dem Rest der Welt, zu dem auch die überlebensnotwendigen Umwelten gehören („Fremdreferenz"), zu nutzen. Nur wenn es innerhalb der Organisation gelingt, sich selbst und die relevanten Umwelten zu thematisieren, wird es der Organisation möglich sein, „passend" zu handeln. Wenn sie über die Welt „draußen" kommunizieren will, so muss sie die „Außenwelt" zum Element der „Innenwelt" machen. Da es zwischen autopoietischen Systemen und ihren Umwelten keine Input-Output-Beziehungen gibt, sondern der Zusammenstoß mit diesen Umwelten „nur" für Irritationen sorgt, muss *innerhalb* der Organisation aufgrund dieser Irritationen ein Bild der Umwelt(en) konstruiert werden.

Dieser Mechanismus kann, im Anschluss an Spencer-Brown (1969, S. 69 ff.), als „Reentry" der System-Umwelt-Unterscheidung in das System verstanden werden.

Wenn keine Umwelten beobachtet werden, das heißt, wenn vom Kontext abstrahiert wird, dann lässt sich solch eine „autistische" Selbstbeschreibung durch folgende Formel darstellen:

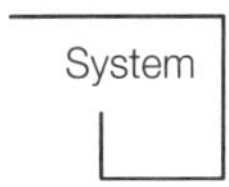


*Abb. 6*

Diese Notation stellt dar, dass die Außenseite der Unterscheidung nicht markiert ist und unbezeichnet bleibt. Es ist vollkommen offen, wogegen sich in diesem Fall das „System" abgegrenzt bzw. wovon es vom Beobachter unterschieden wird.

Wenn Umwelten *markiert* sind, dann werden sie *bemerkt*. Sie können als Unterscheidungen in das System eingeführt (Reentry) und beobachtet werden.

*Abb. 7*

Wenn beispielsweise in einem Unternehmen über das Unternehmen selbst, den Markt und die Person des Vorstands geredet wird, so ist dies ein Beispiel für das Reentry der Unterscheidung zwischen dem Unternehmen und einigen seiner Umwelten (Markt und Vorstand) in das Unternehmen (d. h. in die das Unternehmen konstituierende Kommunikation).

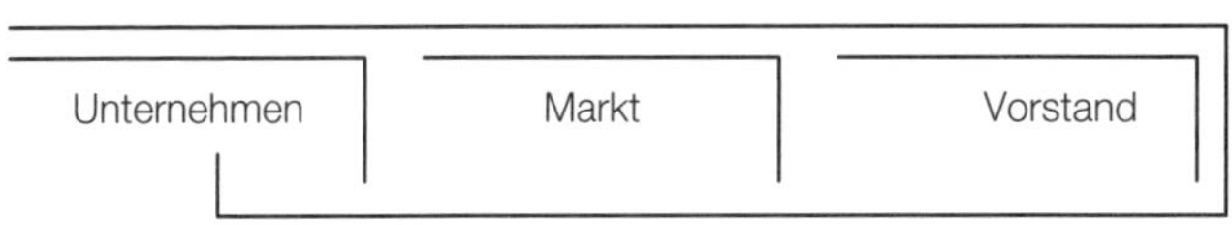


*Abb. 8*

Weder der tatsächliche Markt noch die Psyche oder der Organismus des Vorstands (Umwelten der Organisation) sind hier in das Unternehmen eingeführt, sondern nur die kommunikativ konstruierten Konstrukte „Markt“ und „Vorstand“ (als Elemente der Kommunikation/Organisation).

Der Organisation stellt sich die Frage (d. h., die Leitung sollte sich die Frage stellen), ob sie in ihrer Kommunikation (bei ihren Entscheidungen) „viable“ Unterscheidungen gebraucht und nicht etwa für das Überleben relevante Umwelten „wegdenkt“.

## 5.4 Daten, Informationen, Wissen und Lernen

Wenn Beobachter unterscheiden und bezeichnen, dann produzieren sie *Daten*. Nicht mehr und nicht weniger. Ob ein Fußgänger die Platten auf dem Bürgersteig zählt oder eine Organisation Akten anlegt oder Bits und Bytes auf Festplatten speichert, es handelt sich dabei nur um das Anlegen von Datenfriedhöfen. Daten – auch die Wahrnehmungen eines Individuums – sind „an sich“ bedeutungslos, sinnfrei. Der Begriff „Datum“ – auch das sei, um Missverständnissen vorzubeugen, angemerkt – bedeutet zwar in seiner wörtlichen Übersetzung „etwas Gegebenes“ (v. lat. *dare* „geben“), aber Daten sind etwas vom Beobachter „Genommenes“, d. h. von ihm aktiv Ausgewähltes.

Deswegen gibt es auch Beschränkungen dessen, was überhaupt zum „Datum“ werden kann. „Daten müssen in irgendeiner Form codiert sein, damit sie existent werden und ‚gelesen‘ werden können. Bemerkenswerterweise sind die für Menschen intelligiblen Formen der Codierung extrem beschränkt, nämlich auf genau drei Möglichkeiten: Zahlen, Sprache oder Texte und Bilder. Was nicht in diese Codierungsformen gepresst werden kann, ist als Datum nicht existent“ (Willke 2004, S. 29).

Was hier Codierung genannt wird, ist bislang in unseren Überlegungen *Bezeichnung* (indication) genannt worden. Der Hinweis auf die nur begrenzten Möglichkeiten der Codierung/Bezeichnung ist vor allem aus pragmatischen Gründen wichtig, weil sie auch die Kommunikation betreffen. Auch in Organisationen können Daten nur in dieser beschränkten Weise vermittelt werden.

Hierin liegt auch einer der Gründe, warum Daten oft nicht sonderlich interessant sind und das Risiko groß ist, dass sie, kaum in die Welt gesetzt, schon auf dem Friedhof landen. Zum Leben erweckt können sie aber auch zu *Informationen* werden. Von Gregory Bateson, einem der Vordenker der System- und Kommunikationstheorie, stammt die einprägsame und knappe Definition von Information: „Jeder Unterschied, der einen Unterschied macht" (Bateson 1979, S. 274).

Wenn Daten (Unterschiede) in einen sinnstiftenden Kontext gesetzt werden, der sie mit anderen Unterschieden (Bedeutung/Sinn) verknüpft, können sie Formen bilden („in-formieren"). Und diese Formen entstehen im Medium Sinn. Erst wenn den produzierten Daten Sinn zugeschrieben wird, werden sie zu Informationen – erst die Interpretation des Beobachters macht Daten zu Informationen.

Jedem Beobachter, auch der Organisation (oder den in ihrem Namen handelnden Rollenträgern/Personen), stellt sich die Frage: Haben irgendwelche (wahrgenommenen/angekündigten/erwarteten usw.) Unterschiede für mich/uns Bedeutung, und, wenn ja, welche? So kommt es, dass man einiges über Musik wissen muss, um moderne Musik lieben zu können, etwas Kunstgeschichte kennen muss, um abstrakte Malerei wertschätzen zu können, mit einem Theoriediskurs vertraut sein muss, um einen Fachvortrag als spannend zu erleben usw. Nur so kann aus „Datenmüll" und „Rauschen" Information werden. Aber ob das so ist, hängt nicht von den Daten „an sich" ab, sondern von ihrem Interpreten.

So kommt es zu einem „Selektionsprozess", bei dem mehrdeutige Rohdaten in Informationen verwandelt werden (Weick 1979, S. 168). Aber das lohnt sich nicht immer, denn nicht alle Daten erhalten Informationswert. Sie können unbeobachtet bleiben.

Das Problem ist allerdings, dass nicht vorhersehbar ist, welche Daten Bedeutung erlangen werden und können, da die Zukunft generell ungewiss und nicht vorhersehbar ist. Hierin liegt die *Unsicherheit* jeder Kreation von Information. Aber die Zukunft ist *nicht völlig* unvorhersehbar. Ein Unternehmen, das davon lebt, Produkte zu verkaufen, wird auch in Zukunft Produkte verkaufen müssen und sollte daher nicht damit rechnen, von Spenden leben zu können usw.

Diese Unsicherheit ist einer der Gründe, warum Organisationen immer nur begrenzt („bounded") rational handeln können. Sie sind stets mit *mehrdeutigen* Situationen konfrontiert, sie verfügen über keine eindeutigen Informationen, sie wissen nicht, was für sie, ihr Überleben und ihren Erfolg, relevant sein wird (March u. Simon 1958).

Um unsere Begriffsklärung aus systemtheoretischer Sicht noch einen Schritt weiter zu treiben, muss auch *Wissen* neu und abweichend von der Umgangssprache definiert werden:

> „Wissen entsteht, wenn Informationen in einen Praxiszusammenhang eingebunden werden und daraus eine neue oder eine veränderte Praxis erfolgt. Unter Wissen möchte ich deshalb eine auf Erfahrung gegründete kommunikativ konstituierte und konfirmierte Praxis verstehen. [...] Aus Informationen wird Wissen, wenn Informationen in einen zweiten Kontext von Relevanzen eingebunden werden. Dieser zweite Kontext besteht nicht, wie der erste, aus Relevanzkriterien, sondern aus bedeutsamen Erfahrungsmustern, die das System in einem speziell dafür erforderlichen Gedächtnis speichert und verfügbar hält. Wissen ist ohne Gedächtnis nicht möglich, aber nicht alles, was aus einem Gedächtnis hervorgeholt werden kann, ist Wissen" (Willke 2004, S. 33 f.).

Bezogen auf die Organisation heißt dies, dass sich ihr *Wissen* in ihren Handlungsmustern, ihrer alltäglichen Praxis, realisiert. Es ist in den intern ablaufenden Prozessen impliziert. Die Tatsache, dass eine Organisation bis zu diesem Zeitpunkt in der Interaktion mit ihren jeweils relevanten Umwelten überlebt hat, *beweist*, dass ihr Wissen ausreichend war. Das heißt aber nicht, dass dies so bleiben muss und wird.

Dieses organisationale Wissen wird in den praktizierten Routinen zur Lösung von Problemen immer wieder aufs Neue „erinnert". Es zeigt sich in der Weise, wie Prozesse organisiert werden (bzw. sich selbst organisieren).

Diese Definition von Wissen ist analog zu Maturanas biologischer Definition von „Kognition" konstruiert: „Ein kognitives System ist ein System, dessen Organisation einen Interaktionsbereich definiert, in dem es zum Zweck der Selbsterhaltung handeln kann. Der Prozess der Kognition ist das tatsächliche (induktive) Handeln oder Verhalten in diesem Bereich. Lebende Systeme sind kognitive

Systeme, und Leben als Prozess ist ein Prozess der Kognition" (Maturana u. Varela 1970, S. 39).

Betrachten wir auch hier die Analogie von biologischen und sozialen Systemen, so fungiert das Netzwerk der biochemischen Interaktionen, d. h. die biologische Struktur, als (implizites) Wissen des Organismus über seine Lebenswelt („Interaktionsbereich"); und das Netzwerk der organisationsinternen Kommunikationen, ihre Struktur, erweist sich als (implizites) Wissen der Organisation über ihre für ihr Überleben relevanten Umwelten. Jedes erneute Abspulen tradierter Verhaltens- und Kommunikationsmuster innerhalb der Organisation wirkt als *Bestätigung dieses Wissens*: Das Gedächtnis der Organisation ist die Organisation.

Organisationen haben aber darüber hinaus (zumindest theoretisch) auch noch Zugriff auf das Gedächtnis ihrer Mitglieder. Deren Gedächtnis und Wissen lässt sich für die Organisation nutzbar machen, d. h. in die Kommunikation bringen. Es geht der Organisation verloren, wenn Mitglieder ausscheiden. Ihr Gedächtnis oder Wissen darf aber nicht mit dem der Organisation verwechselt werden. Es ist in der Umwelt der Organisation verortet, dem psychischen System des Mitglieds. Doch die Organisation kennt (manchmal mehr, manchmal weniger) die Kompetenzen ihrer Mitglieder und kann sie ins Spiel bringen: „Zum Wissen der Organisation gehört natürlich auch Wissen darüber, was Personen, die man fragen könnte, wissen könnten. Eben deshalb kann aber organisationales Wissen nicht auf personale Quellen zurückgeführt werden. Es ist als Ergebnis von Lernprozessen in der Organisation selbst gespeichert und kann bei der Aktivierung von Kommunikationen vorausgesetzt werden. (Andernfalls wären Intimkenntnisse anderer Personen erforderlich, um abschätzen zu können, was sie verstehen können)" (Luhmann 2000, S. 186).

Für das Gedächtnis von Individuen wie von Organisationen sind Datenspeicher – wie etwa Akten, Handbücher, Notizzettel, Sitzungsprotokolle, Konstruktionspläne und -zeichnungen, Gebrauchsanweisungen, Festschriften, E-Mails, Gedenksteine usw. – nichts anderes als Merkhilfen (wie der Knoten im Taschentuch). Sie sind nicht das Gedächtnis, denn erst, wenn sie gelesen und gedeutet und damit *er-innert* werden, können sie Informationswert gewinnen und als Wissen in einem aktuellen Praxiskontext erneut realisiert werden. Und wie bei Daten, Informationen und allen anderen Unterscheidungen gilt auch hier: Mit der Kreation der einen Seite der Unterscheidung wird auch die andere Seite geschaffen. Wo immer Wissen entsteht, entsteht auch *Nicht-Wissen.* Wo immer die Prozesse auf die *eine* Art ablaufen, laufen sie *nicht* auf irgendeine andere Art ab. Es lohnt sich also nicht, nach *mehr* Wissen zu streben, denn damit wird immer auch mehr Nicht-Wissen produziert. Das führt zurück zu der Frage, wie Wissen bewertet wird und nach welchen Kriterien die Selektion des Wissens abläuft (Zweckrationalität vs. Systemrationalität).

Da aus einer funktionellen Perspektive die Begriffe der Organisationsstruktur und des Wissens der Organisation identisch sind, verändert sich auch die Perspektive auf Konzepte wie die „lernende Organisation".

Denn Lernen kann als *Veränderung von Wissen* definiert werden (Bateson 1972, S. 367 ff.). Insofern sind Wissen und Lernen als Gegensätze zu betrachten. Wo gewusst wird, braucht nicht gelernt zu werden (Wissen macht lernbehindert). Die Paradoxie des Lernens besteht darin, dass gelernt wird, um nicht lernen zu müssen.

Bezogen auf Organisationen, deren Wissen in ihren Prozessen und Strukturen liegt, bedeutet Lernen, dass Prozesse und Strukturen verändert werden. Eine lernende Organisation ist daher eine Organisation, die in der Lage ist, ihre Strukturen und Prozesse (d. h. sich) zu transformieren.

Ob dies nötig ist, hängt von der Stabilität oder Veränderung der relevanten Umwelten ab. Ordnungsämter und Schulen haben in den letzten 100 Jahren zwar auch „gelernt" und machen nicht mehr alles wie zu Kaisers Zeiten, aber sie haben sich weniger gewandelt, als es die Automobilfabriken seit damals getan haben (es existieren ja noch einige, die es damals schon gab).

Veränderung und Lernen sind keine Selbstzwecke. Und die Richtung des Wandels ist auch nicht in jedem Fall positiv zu bewerten. Denn, wie Individuen Unnützes oder Schädliches lernen (die falsche Vorhand beim Tennis) oder sich ihr Wissen vermindern kann (man verlernt sogar seine Muttersprache, wenn man sie lange nicht gesprochen hat), kann der Prozess der Veränderung auch bei Organisationen dazu führen, dass höchst funktionelle Strukturen abgebaut werden und Wissen vernichtet wird.

Um die nachhaltige Überlebensfähigkeit von Organisationen zu steigern, bedarf die Organisation der *Intelligenz*, d. h. der Möglichkeit, zwischen Lernen und Nicht-Lernen zu wählen. Sie muss fähig sein, sich selbst (System) und ihre Umwelten zu beobachten, die Relevanz von Informationen für das Überleben zu bewerten, Zwecke von Mitteln und Bedingungen von Konsequenzen zu unterscheiden sowie die eigenen Lernnotwendigkeiten einschätzen zu können. Eine wesentliche Funktion von Führung ist es daher, *regelmäßig* für die Reflexion der Qualität des Wissens und Nicht-Wissens der Organisation (beides bekommt man nur im Paket) zu sorgen, sowohl die Notwendigkeit des Erhalts als auch der Veränderung von Strukturen zu beurteilen und gegebenenfalls über zu vollziehende Umbauten von Prozessen zu entscheiden. Um eine „intelligente Organisation" zu etablieren, bedarf es der Routinen zur Veränderung von Routinen.

# 6. Organisation und Entscheidung

## *6.1 Unsicherheitsabsorption*

Wenn heute gehandelt werden muss und die Folgen erst in der Zukunft ihre Wirkung entfalten, so kann niemand wissen, wie richtig gehandelt wird. Das ist einer der Gründe, warum jede Rationalität nur „begrenzt" sein kann. Die Unsicherheit ist durch sie prinzipiell nicht zu beseitigen.

> „Unsicherheit entsteht bei gleichzeitigem Anfall von Wissen und Nichtwissen, entsteht also auf Grund dieser Differenz. Dabei sind Wissen ebenso wie Nichtwissen soziale Konstruktionen, die in dem System erstellt werden, das sie benutzt" (Luhmann 2000, S. 184).

Jede Entscheidung beruht sowohl auf Wissen (das aus Erfahrungen der Vergangenheit abgeleitet ist) wie Nichtwissen (über die Zukunft, die noch nicht erfahren wurde, und über all das, was gut zu wissen wäre, aber unbekannt ist, weil es zeitgleich anderswo passiert). Das daraus entstehende Problem der Unsicherheit löst die Organisation auf eine elegante Weise: Sie *entscheidet* sich in der Gegenwart für eine (vermutete) Zukunft. Dadurch ersetzt sie die Unsicherheit durch das Risiko, sich für die falsche Zukunft entschieden zu haben.

Um überhaupt entscheiden zu können, muss sie *Handlungsalternativen* konstruieren. Die Entscheidung ist eine Form mit zwei Seiten: Entweder es wird das eine oder etwas anderes (das andere) getan. *Ohne Alternative keine Entscheidung.* Darum wird auch nicht jedes Verhalten als Ergebnis einer Entscheidung bewertet, sondern nur, wenn ein anderes zur Wahl stand. Erst die Fiktion der Alternative ermöglicht es, eine Entscheidung einem „Entscheider" oder einem Entscheidungsfindungsprozess als deren „Wahl" (Handlung) zuzurechnen (es sei denn, sie werden als „unzurechnungsfähig" disqualifiziert). Und erst dann ergibt sich auch die Frage nach der „Verantwortung" für die getroffene Entscheidung.

> „Vor der Entscheidung handelt es sich um eine offene Alternative, also auch um offene Kontingenz. Mehrere Entscheidungen, so sagt man jedenfalls, sind möglich. Nach der Entscheidung verdichtet sich die Kontingenz; und man sieht jetzt nur noch, dass die getroffene Entscheidung auch anders möglich gewesen wäre. Die Kontingenz (definiert als: weder notwendig noch unmöglich) ist dann an einer Entscheidung fixiert" (Luhmann 1993, S. 291).

Wenn eine Entscheidung *kommuniziert* wird, dient sie den Mitgliedern der Organisation als Grundlage für ihre eigenen Entscheidungen. Alle Optionen, gegen die entschieden wurde, werden vergessen (weil sie nicht in Handlungen umgesetzt und dadurch erinnert werden).

Nach der Entscheidung verhalten die Mitglieder der Organisation sich so, *als ob* die Zukunft sicher wäre. Dadurch wird für sie aus einer Welt voller Ungewissheit, Vieldeutigkeit, Widerspruch, Ambivalenz und Ambiguität eine sichere Welt.

Das Konzept der Unsicherheitsabsorption („uncertainty absorption"), manchmal auch mit „Ungewissheitsabsorption" übersetzt, hat in der Organisationstheorie eine lange Tradition. Es würde von March und Simon (1958, S. 165) zum ersten Mal formuliert. Sie definieren es folgendermaßen: „Unsicherheitsabsorption findet statt, wenn aus einer Sammlung von Beweismaterial Schlüsse gezogen werden und die Schlussfolgerungen statt des Beweismaterials kommuniziert werden."[2]

Die von den Autoren verwendete Terminologie könnte genauso gut von einem Gerichtsreporter verwendet werden. Der (Kommunikations-)Prozess, den sie beschreiben, verläuft so ähnlich wie ein Gerichtsprozess. Es gibt eine Menge von Beweismitteln („evidence"), und aus ihnen werden Folgerungen („inferences") abgeleitet. Diese Schlüsse werden dann als „Entscheidungen" verkündet. Für das, was nun folgt, sind die Gründe für die Entscheidung ohne weitere Bedeutung. Wo vorher Ungewissheit herrschte (z. B. ob der Angeklagte der „Täter" ist), kann nun so gehandelt werden, als ob sicher wäre, wie er zu beurteilen ist. Die Entscheidung wird zur Grundlage der weiteren Handlungen aller, die mit dem Fall auf-

2 eigene Übersetzung

grund ihrer organisatorischen Rollen beschäftigt sind (ob Gefängnispersonal oder Justizbeamte usw.). Sie alle orientieren sich an dieser Entscheidung, *als ob* sie eine nicht weiter diskutierbare, höhere Wahrheit wäre (entweder der „freigesprochene“ Angeklagte gilt ab nun als unschuldig und wird deswegen aus der Haft entlassen, oder der „Verurteilte“ wird seiner Strafe zugeführt). Im Extremfall ist solch eine Entscheidung nicht revidierbar (der Verurteilte wird hingerichtet, wodurch die Unsicherheit, wie man mit ihm weiter umgehen soll, endgültig „absorbiert“ ist).

Wird einer Kommunikation (wie immer sie zustande gekommen sein mag) der Sinn *Entscheidung* zugeschrieben, so hat das einen Preis. Er besteht „in der Bereitschaft, auf Entscheidungen mit Entscheidungen zu reagieren. Er besteht, mit anderen Worten, in der Übernahme jeder einzelnen Entscheidung, sobald sie einmal getroffen ist, als Prämisse weiterer Entscheidungen. Prämisse heißt dabei, unmittelbar: Unbezweifelbarkeit. Unbezweifelbarkeit heißt natürlich nicht, dass man nicht an der vorherigen Entscheidung Zweifel hegen kann, im Gegenteil, aber es heißt, dass schon sehr viel geschehen muss, wenn man die Übernahme dieser Entscheidung verweigern und sie nicht als Prämisse eigener Entscheidungen verwenden will. [...] Der Normalfall ist, dass man die Entscheidungen übernimmt, was auch immer man sich, wenn überhaupt, denken mag, und die eigenen Entscheidungen trifft, die daraufhin erwartet werden beziehungsweise möglich sind. Darin besteht die Leistung und Funktion der Organisation: in der Ermöglichung von Anschlussentscheidungen ohne Infragestellung vorheriger Entscheidungen“ (Baecker 2003, S. 34).

Wo vorher eine große Menge von Handlungsoptionen offenstanden, wo das Für-und-Wider abgewogen werden wollte, ist nun das Ende der Ambivalenz gekommen. Nun werden *bestimmte* Handlungen („Akte“) vollzogen, die vorher nicht vollzogen worden wären, und andere, die zur Wahl standen, werden nicht vollzogen („Unterlassungen“). Es werden „Fakten“ (lat. *facere* „handeln“, „tun“) geschaffen, und zwar die einen und *nicht* die anderen. Und mit diesen Fakten haben dann alle anderen zu leben und ihre eigenen Entscheidungen daran zu orientieren. Wenn es vor der Entscheidung einen Kommunikationsbedarf gab, was denn zu tun sei, so ist diese

Frage nun beantwortet, und jeder kann wieder seinem gewohnten Tagesgeschäft nachgehen – bis zur nächsten Wegkreuzung, wo wieder Unsicherheit herrscht, ob der eine oder der andere Weg gegangen werden sollte, und deshalb entschieden werden muss. Wie entschieden wird, ist im Prinzip egal, solange überhaupt entschieden wird. Die Alternative wäre die Oszillation zwischen den Seiten der Unterscheidung (Optionen), die zur Wahl stehen.

Eine Nebenwirkung der Unsicherheitsabsorption durch Entscheidungen ist, dass die Organisation kein Gedächtnis dafür hat, *gegen* welche Alternative die Entscheidung getroffen wurde und welche Chancen und Möglichkeiten verpasst wurden. Es mag zwar noch Aufzeichnungen und Daten in irgendwelchen Archiven geben, aus denen der Entscheidungsprozess rekonstruierbar wäre, aber da die einmal getroffene Entscheidung zur Grundlage des Handelns der Mitglieder wird, kann die Organisation selbst nur die Seite der Unterscheidung/Entscheidung beobachten, auf deren Grundlage alle weiteren Handlungen (Resultate von Entscheidungen) vollzogen werden. Sie orientiert sich an ihrem Wissen und ist dadurch immer auch mit ihrem spezifischen Nichtwissen konfrontiert.

> „Bezieht man den Begriff der Unsicherheit auf die Differenz von Wissen und Nichtwissen (und damit: auf die Form des Wissens), ist damit zugleich klargestellt, dass Unsicherheit nicht, wie im alltäglichen Sprachgebrauch, als ein dysfunktionaler Zustand zu begreifen sei, der nach Möglichkeit zu beheben sei. Im Gegenteil: fortbestehende und immer wieder neu generierte Unsicherheit ist die wichtigste Ressource der Autopoiesis des Systems. Denn ohne Unsicherheit bliebe nichts zu entscheiden, die Organisation fände im Zustand kompletter Selbstfestigung ihr Ende und würde mangels Tätigkeit aufhören zu existieren" (Luhmann 2000, S. 186).

Entscheidungen sind die Operationen, durch die Organisationen sich reproduzieren: *Ohne Alternativen keine Unsicherheit, ohne Unsicherheit keine Entscheidungen, ohne Entscheidungen keine Organisation.*

## 6.2 Entscheidungsprämissen: Programme, Kommunikationswege, Personen

Wenn durch Entscheidungen Unsicherheit beseitigt wird, so deshalb, weil Entscheidungen (vorübergehend und hinreichend) Eindeutigkeit schaffen, auf deren Grundlage weitere Entscheidungen getroffen werden können. Sie bewältigen Ambivalenz und Ambiguität, und ermöglichen all denen, die sich nach ihnen richten müssen/können/wollen, so *zu tun, als ob* die Welt eindeutig beschreibbar und bewertbar wäre. Entscheidungen wirken als Prämissen für weitere Entscheidungen. Handlungen sind, so definiert, Entscheidungen, denn es hätte stets auch etwas anderes getan werden können. Und vollzogene Handlungen sind Prämissen für weitere Handlungen. Auf diese Weise kann eine Vielzahl von Akteuren und Aktionen koordiniert werden, was eine Funktion von Organisationen ist.

Das Konzept der Entscheidungsprämissen stammt, wie so viele andere in der Organisationstheorie, von Herbert A. Simon, der „Rollen" als Entscheidungsprämissen definierte (1957, S. 201). Es wurde zu einem der zentralen Konzepte unterschiedlicher Organisationstheoretiker. Niklas Luhmann weitete das Modell aus, und auf seine Überlegungen wird hier Bezug genommen.

Er betont, dass „das Verhältnis von Prämisse zur Entscheidung weder ein logisches noch ein kausales Verhältnis ist. Weder kann die Entscheidung aus ihren Prämissen deduziert werden; noch sind die Prämissen die Ursachen der Entscheidung, sodass das System durch Festlegung von Prämissen kausal geschlossen werden könnte" (Luhmann 2000, S. 223). Entscheidungsprämissen legen nur den Spielraum fest, innerhalb dessen frei entschieden werden kann. Sie nehmen den beteiligten Akteuren Freiraum und eröffnen ihnen damit Freiraum: innerhalb der so gesteckten Grenzen autonom zu entscheiden/zu handeln.

Um für die Erklärung konkreter organisatorischer Prozesse nutzbar zu werden, bedarf das Konzept der Entscheidungsprämisse der Konkretisierung und Differenzierung. Denn es lassen sich unterschiedliche Arten von Entscheidungsprämissen in Organisationen feststellen. Die drei wichtigsten sind (1) Programme, (2) Kommunikationswege und (3) Personen.

> „Programme sind Erwartungen, die für mehr als nur eine Entscheidung gelten. Sie zwingen zugleich das Verhalten in die Form der Entscheidung, das Programm anzuwenden oder dies nicht zu tun" (Luhmann 1997, S. 842).

Je technisch genauer und exakter eine Aufgabe definiert werden kann, desto präziser lassen sich auch die Programme im Sinne der abzuarbeitenden Handlungsschritte vorschreiben, und umso geringer ist der je aktuelle Entscheidungsbedarf. Wenn vorgegeben ist, welche der möglichen Handlungsalternativen als „richtig" anzusehen ist, dann braucht nicht entschieden zu werden. Die Frage „Was tun?" ist schon beantwortet, bevor sie sich stellt.

Solche Programme können als „Konditionalprogramme" dem „Wenn-dann"-Schema folgen oder als „Zweckprogramme" zum Erreichen eines Ziels dienen.

> „Bei beiden Programmformen, und darin stimmen sie überein, handelt es sich um die Einführung einer künstlichen Unterscheidung, die nicht vorgefunden wird, sondern im System selbst konstruiert und durch Entscheidung verbindlich gemacht werden muss. Konditionalprogramme unterscheiden zwischen Bedingungen und Konsequenzen, Zweckprogramme zwischen Zielen und Mitteln" (Luhmann 2000, S. 261).

Was hier Programm genannt ist, wird im Modell des Spiels (Sprachspiels) wie auch in der Alltagssprache als Menge von Regeln bezeichnet. Wenn man bestimmte Ziele erreichen will oder in bestimmte Situationen gerät, dann muss man gewisse präskriptive Regeln (Gebote und/oder Verbote) befolgen …

Nicht alle Fragen, die einen Entscheidungsbedarf produzieren, lassen sich vorhersehen und in der einen oder anderen Weise programmieren oder regeln und in Verhaltenscodices, Handbüchern oder Gebrauchsanweisungen festschreiben und normieren.

Für diese Zwecke ist die Entscheidung auf eine vorausgehende Kommunikation angewiesen: Es müssen bestimmte andere Akteure einbezogen und gefragt werden (z. B. Experten, Vorgesetzte, andere Organisationseinheiten), oder es müssen bestimmte Verfahrensweisen (Prozeduren) eingehalten werden. Bei Investitionsentscheidungen, die einen bestimmten Höchstbetrag überschreiten, muss beispielsweise eine „höhere Instanz" oder ein „Fachexperte" (die Rechtsabteilung, das Controlling) eingeschaltet werden, oder es gibt Zuständigkeiten und Zustimmungspflichten, die berücksichtigt werden müssen, Anordnungen, die befolgt werden müssen, usw.

> „Über Entscheidungsprämissen können auch Kommunikationswege vorgeschrieben werden, die eingehalten werden müssen, wenn die Entscheidung als eine solche der Organisation Anerkennung finden soll. Dabei kommt es auf die als Entscheidungsprämissen festgelegten Kompetenzen an; vor allem auf das Recht, bindende Weisungen zu erteilen, aber auch auf das Recht, angehört zu werden. Oft nennt man gerade diesen Ausschnitt der Selbstregulierung eines Organisationssystems ‚formale Organisation'" (Luhmann 2000, S. 225).

In diesen Bereich gehört auch die Hierarchiebildung. Wenn, beispielsweise, unterschiedliche Organisationseinheiten widersprüchliche Ziele verfolgen und in Konflikt geraten, ermöglicht der „Dienstweg" oder die Einschaltung der Vorgesetzten, die Auflösung von Patt-Situationen, d. h. die Wiederherstellung der Entscheidungs- und Handlungsfähigkeit der Organisation.

Die *formale Struktur* der Organisation mit ihren asymmetrischen Über- und Unterordnungs- und ihren symmetrischen Gleichordnungsverhältnissen bildet für den jeweiligen Inhaber einer „Stelle" die Prämisse seiner Entscheidungen. Die formale „Position" bestimmt den Zuständigkeitsbereich, unabhängig von der Person des Stelleninhabers.

Dass aus einer funktionellen Perspektive die Unterscheidung zwischen Programmen und Kommunikationswegen sinnvoll ist, mag man bezweifeln, denn die *formale Organisation* (Struktur) kann als Programm eines höheren logischen Typus betrachtet werden, das festlegt, wann welche Programme anzuwenden sind. Sie funktioniert in manchen Bereichen wie ein Konditionalprogramm, in anderen wie ein Zweckprogramm. Wenn der Geltungsbereich eines Programms an seine Grenze stößt, so muss, beispielsweise, eine hierarchisch höhere Instanz eingeschaltet werden („Aufträge, die den Wert von 100.000 Euro überschreiten, müssen von der Geschäftsführung genehmigt werden …"). Wenn diese Grenze erreicht wird, ist „der Ball" gewissermaßen an eine andere Stelle „zu spielen", die dann die für sie verbindlichen Programme (Spielregeln) anwendet. Analog werden unterschiedliche Organisationseinheiten oder Mitglieder bzw. ihre Aktionen durch programmierte Prozesse aneinander gekoppelt und integriert („Nach Fertigung des Teils x durch die Abteilung y, übernimmt die Abteilung z die Weiterverarbeitung …").

Eine alternative Interpretation der Gemeinsamkeiten und Ähnlichkeiten von Programmen und Strukturen liefern March und Simon (1958, S. 191), die das Tempo der Veränderungsmöglichkeiten und -notwendigkeiten beider betonen. Die Problemlöseprozesse, deren Muster länger valide bleiben, schlagen sich in Strukturen nieder, diejenigen, die schneller geändert werden müssen, werden als Programme gehandhabt.

Der Vorteil, Programme und Kommunikationswege als Entscheidungsprämissen auch theoretisch auseinanderzuhalten, besteht darin, dass dadurch die Theorie leichter an das Erleben des Alltags innerhalb von Organisationen anschließt. Kommunikationswege sind nicht nur abstrakt festgelegt, sondern sie werden von Stelleninhabern und Repräsentanten von Organisationseinheiten verkörpert. Außerdem eröffnet sich durch die Besetzung von Stellen mit unterschiedlichen Personen auch die Möglichkeit, die Automatismen solch einer Programmierung infrage zu stellen und ihrem Erstarrungsrisiko entgegenzuwirken. Denn Personen bringen immer ein gewisses Maß an Anarchie in die Organisation (neue Personen mehr als schon bekannte).

Eine der vielen Paradoxien von Organisationen besteht darin, dass für sie die Mitglieder prinzipiell austauschbar sind und sich dadurch die konkreten Personen als nicht austauschbar erweisen. Denn es macht einen Unterschied, ob der „freundliche, in sich ruhende und zugewandte, gelassen reagierende" Herr Schulze auf einer Chef-Position sitzt oder der „narzisstische, nach Bestätigung seiner Großartigkeit lechzende, sadistische und über Leichen gehende" Herr Meier (die hier genannten Eigenschaften sind in Anführungsstriche gesetzt, um daran zu erinnern, dass es sich hier nicht um „wahre" Merkmale der genannten Individuen [psychische Eigenschaften] handelt, sondern um soziale, in der Kommunikation entstandene Konstrukte). Dass es auch einen großen Unterschied machen kann, ob eine Position von einer Frau oder einem Mann ausgefüllt wird, sei nur angemerkt.

Personen haben als Entscheidungsprämissen den Vorteil gegenüber Programmen, dass hier auf die *Kopplung* der Organisation mit psychischen Systemen als Möglichkeit der Entscheidungsfindung gesetzt wird. Da nicht vorhersehbar ist, welche Fragen, Probleme und Herausforderungen auf die Organisation zukommen, kann auf Regeln (Programme), die unvermeidlich in ihrer Flexibilität begrenzt sind, nicht dauerhaft gesetzt werden. Kompensiert werden kann dieser Mangel durch das Vertrauen zu Personen. Die Kopplung der Organisation mit unverwechselbaren psychischen Systemen ermöglicht ihr den Zugang zur Kompetenz, Intelligenz, Kreativität und Urteilsfähigkeit von Individuen.

Generell kann gesagt werden, dass Programme überall dort sinnvoll eingesetzt werden können, wo die Organisation weiß, was sie zu erwarten hat (in der Produktion zum Beispiel). In Bereichen, in denen die Organisation überwiegend mit Nichtwissen konfrontiert ist, ist der effektivste Weg, Personen ein hohes Maß an Verantwortung zu geben. Ihre Auswahl ist damit für die Organisation auch immer eine Art programmatischer Entscheidung ... (allerdings viel weniger explizit als dies in formulierten Regeln der Fall ist).

Zu ergänzen ist an dieser Stelle, dass nicht nur die einzelnen Personen als Entscheidungsprämissen fungieren, sondern auch Mehr-Personen-Systeme (Gruppen). Die Komplexität der Probleme, mit denen viele Organisationen konfrontiert sind, hat so zugenommen (z. B. in global operierenden Unternehmen), dass schon von der Sachkompetenz her Entscheidungen nicht mehr einzelnen „Entscheidern“ kausal zugerechnet werden können. Es sind Gremien, Gruppen, Teams, die nun Entscheidungen zu vertreten haben. Wie sie ihre Beziehungen zueinander und ihre Kommunikation miteinander gestalten, kann zum entscheidenden Faktor für das Überleben oder, weniger dramatisch, den Erfolg oder Misserfolg der Organisation werden (Wimmer 1989). Das zeigen empirische Studien unter erfolgreichen Unternehmen (Collins 2001), aber auch die Analyse der Entscheidungsfindung gescheiterter Regierungen (vgl. Simon 2001, S. 86 ff.).

Personen, ob nun einzeln oder in der Gruppe, sind für das Überleben von Organisationen deshalb so wichtig, weil durch sie der Erstarrung der Organisation entgegengesteuert werden kann. Funktionalität wie Dysfunktionalität von Organisationsstrukturen erwächst aus der Bildung von Routinen (Programmen, formale Organisation). Was sich in der Psyche eines Mitglieds abspielt, ist unberechenbar („nicht trivial"). Daher können psychische Umwelten der Organisation das nötige Irritationspotenzial zur Verfügung stellen. Wenn sie ihre Wahrnehmungen, Meinungen etc. in die Kommunikation einspeisen oder zur Grundlage ihrer Entscheidungen machen, kann dies Routinen aufbrechen. Wo immer Personen als Entscheidungsprämissen fungieren, wird Unvorhersehbarkeit eingeführt. Denn die Personen bekommt die Organisation nicht ohne die fest an sie gekoppelten, autonomen psychischen Systeme. Deswegen ist die Einstellung neuen Personals, speziell von Führungskräften, für jede Organisation mit einem Risiko verbunden.

Zusammenfassend lässt sich sagen, dass die drei dargestellten Typen von Entscheidungsprämissen in einer „heterarchischen" Beziehung zueinander stehen (McCulloch 1945), das heißt, es lässt sich keine dauerhafte Hierarchie unter ihnen etablieren, keine Reihenfolge der Präferenzen, keine Über- oder Unterordnung. In einem bestimmten Moment der Geschichte kann die Person als Entscheidungsprämisse der Organisation fungieren, in einem anderen ist die formale Struktur entscheidend, ein andermal die Routine eines Programms. Dadurch wird der dauerhafte Primat einer dieser Prämissen verhindert, was langfristig die Überlebensfähigkeit der Organisation erhöhen dürfte, denn es erlaubt, die Ambivalenz zwischen Erhalt und Veränderung von Strukturen in der Balance zu halten.

Was die Organisation von anderen Typen sozialer Systeme unterscheidet, ist, dass sie sich als Einheit erhält, indem (kommunizierte) Entscheidungen an (kommunizierte) Entscheidungen anschließen usw. (Luhmann 2000, S. 63).

Das beginnt mit der Entscheidung zur Gründung der Organisation, setzt sich fort (wenn auch vielleicht nicht in dieser Reihenfolge) über die Entscheidung, wer als Personal eingestellt wird, die Finanzierung, den Zweck, die Strukturen und führt zu Handlungsalternativen, über die natürlich auch entschieden werden muss. Dafür braucht sie kommunikative Prozeduren, durch welche diese Entscheidungen zustande kommen und realisiert werden, – und auch über die muss entschieden werden.

# 7. Kopplungen

## 7.1 *Akteure und Aktionen*

Wenn Systeme als „zusammengesetzte Einheiten“ betrachtet werden, so stellen sich zwei Fragen: (1) Welches sind die „Bausteine“ (zugegeben: eine etwas statische Metapher) dieser Einheiten, und (2) wie sind sie miteinander verbunden (was ist der „Mörtel“ und wie gut hält er)?

Das sind Fragen an den Beobachter, denn es geht dabei um seine Unterscheidungen. Problematisch ist, dass die Elemente von Organisationen (Kommunikationen) nicht direkt beobachtbar sind, sondern erschlossen werden müssen. Was hingegen beobachtbar ist, sind die Teilnehmer an der Kommunikation und ihre Verhaltensweisen. So ist es nicht verwunderlich, dass viele Organisationstheoretiker ihr Augenmerk auf „Verhaltenssysteme“ auf der einen Seite oder „Personensysteme“ auf der anderen Seite richten.

Der Widerspruch zu den hier vorgelegten, an Luhmann orientierten Konzepten lässt sich auflösen, wenn zwischen „Beschreiben“, „Erklären“ und „Bewerten“ eines Phänomens unterschieden wird (vgl. Simon 2006, S. 71 ff.). Dann lässt sich das *beschreibbare* Verhalten von Menschen nämlich durch Kommunikation *erklären*. Werden Kommunikationen als Elemente von Organisationen betrachtet, so ist implizit die Entscheidung für ein kommunikationstheoretisches *Erklärungsmodell* getroffen. Es ist voraussetzungsvoll, weil die vermeintlichen „Fakten“ (Kommunikationen) schon mit Deutungen aufgeladen sind.

Deswegen empfiehlt sich, bei allen empirischen Fragestellungen auf die Ebene direkt beobachtbarer Phänomene zurückzugehen: die beteiligten Akteure und ihre Verhaltensweisen.

Welches sind die *Akteure*, die sich organisationstheoretisch unterscheiden lassen? Da ist zunächst (1) die Organisation selbst, die in Bezug zu ihren Umwelten als *handelnde Einheit* auftritt. Dann gibt es (2) unterschiedliche Organisationseinheiten, die gewissermaßen als (Unter-) Organisationen in der Organisation über einen mehr oder weniger großen Handlungsspielraum verfügen (sei dies eine Abteilung, ein Bereich oder ein Projekt ...). Und als Letztes sind hier (3) die Personen zu nennen, die ebenfalls als handelnde Einheiten definiert werden können.

Der zweite, direkt beobachtbare Bereich sind Verhaltensweisen. Wenn sie als *Handlungen* (= Aktionen) betrachtet werden, ist damit auch eine erklärende Vorannahme verbunden: dass eine Entscheidung dafür von irgendeinem Akteur getroffen wurde (das heißt, er hätte sich anders verhalten können). Auch „Handlungssysteme" können als zusammengesetzte Einheiten betrachtet werden. Ihre Elemente sind dann Handlungen, seien sie nun von einem oder mehreren Akteuren produziert. In dieser Möglichkeit, Handlungsketten zu verzahnen, liegt ja eine der wichtigsten Funktionen von Organisationen. Wie sie das tun, zeigt sich in ihren *Programmen* und *Kommunikationswegen*.

Dass die hier betrachteten Einheiten nur durch Kommunikation zu zusammengesetzten Einheiten werden, muss noch einmal unterstrichen werden. Deutlich sollte auch sein, dass durch diese Bauprinzipien eine große Variationsbreite für die Struktur sozialer Systeme eröffnet wird. Die handelnden Einheiten und ihre Untereinheiten können größer oder kleiner sein, „feinkörniger" oder „grobkörniger", kleine „Schnellboote" oder „Flugzeugträger", einzelne Personen oder Teams usw. Und die Handlungen, die miteinander zu größeren Mustern verbunden werden, können sehr einfach sein (simple Handgriffe) oder hochkomplexe Abläufe umfassen (z. B. ganze Produktionsprozesse).

## 7.2 Lose und feste Kopplungen

Die Betrachtung der „Grob- oder Feinkörnigkeit" der Einheiten reicht aber noch nicht aus, um eine Typologie von Organisationen zu erstellen. Dazu muss noch die Frage nach ihrem Aggregatzustand beantwortet werden.

Von Karl Weick (1979) ist im Anschluss an Fritz Heider (1926) die Unterscheidung zwischen „loser" und „fester Kopplung" („loose" vs. „strict coupling") der Bestandteile einer Organisation in die Diskussion eingeführt worden. Was damit gemeint ist, lässt sich am besten mithilfe eines Beispiels aus der unbelebten Natur illustrieren:

Die chemischen Bausteine von Wasser lassen sich analytisch bestimmen ($H_2O$-Moleküle). Die Kenntnis dieser Elemente sagt aber nichts darüber aus, in welcher Form sie sich uns aktuell präsentieren. Wenn Wasser unter 0° Celsius abgekühlt wird, so gefriert es, das heißt, seine *Elemente* werden *fest gekoppelt*, sodass es wie ein „Ding" erscheint und massive Eigenschaften aufweist. Ein Eisklotz kann als Gegenstand behandelt werden, da die *internen Relationen* der Elemente (Moleküle) für die Herstellung dieser Einheit, d. h. die Formbildung (Innen-außen-Unterscheidung), sorgen. Eiswürfel können in ein Whiskyglas geworfen werden, und Angler müssen im Winter Löcher in die harte Eisdecke bohren.

Wird gefrorenes Wasser erhitzt, ändert es seinen Aggregatzustand, es wird flüssig. Die zuvor fest gekoppelten Elemente sind zwar immer noch gekoppelt, aber *loser*. Dadurch wird es mehr als nur flexibel: Es verliert seine dinglichen Eigenschaften und Grenzen. Nunmehr kann (muss?) es sich seiner Umgebung anpassen. Füllt man es in ein längliches Becken, so nimmt es dessen Form an, füllt man es in eine kugelförmige Vase, so wird es – vollkommen opportunistisch – kugelförmig, und auf einem Flachdach folgt es der Schwerkraft direkt in das Schlafzimmer des Hausbesitzers. Die Form des Wassers in dieser lose gekoppelten Form wird nicht durch die internen Relationen der Elemente bestimmt, sondern durch die *externen Relationen* zu den jeweiligen Umwelten (Becken, Vase, Dach), an deren Konturen es sich anpasst.

Erhitzt man es weiter, über den Siedepunkt hinaus, so werden die bereits relativ losen Kopplungen noch weiter gelockert, und es entsteht Wasserdampf. Jetzt ist im Prinzip keine Formbildung mehr zu beobachten, da das Verhalten der Elemente unabhängig voneinander ist. Der Wasserdampf erscheint als Wolke ohne klare Innen-außen-Grenzen. Dass er dichter ist oder weniger dicht, lässt sich statistisch als Effekt der Verteilung der Moleküle erklären, nicht durch interne oder externe Relationen.

Wir können auch Organisationen daraufhin beobachten, ob sie sich eher durch lose oder feste Kopplungsmodalitäten charakterisieren lassen. Das bezieht sich zum einen auf interne Relationen,

d. h. auf Handlungsmuster und die Kopplung ihrer Elemente: Wie starr oder flexibel sind die vollzogenen Prozeduren, Abläufe und Routinen? Wie fest gefügt sind die Programme, die abgearbeitet werden? Wie „vereist" oder „flüssig", chaotisch oder geordnet sind die formalen Strukturen der Organisation?

Die Frage der Kopplung lässt sich aber auch auf die Personen untereinander bzw. mit der Organisation beziehen (Beamtentum vs. Zeitarbeit, Schornsteinkarriere vs. Jobhopping usw.). Da Personen an psychische Systeme gekoppelt sind, geht es hier nicht nur um interne Relationen, sondern auch um Relationen zu Umwelten.

All dies wird koordiniert durch Kommunikation, denn ohne sie käme es zu keiner Kopplung: weder zu der von Akteuren, noch zu der von Aktionen, weder zu loser, noch zu fester …

## 7.3 Eine Typologie von Organisationen

Die Unterscheidung von *relativ* loser und fester Kopplung ermöglicht es, Organisationen nach ihren Kopplungsmodalitäten zu unterscheiden. Dabei bietet sich an, die Kopplung der *Akteure* (in erster Linie, aber nicht nur: Personen; daneben auch: Organisationseinheiten, andere Organisationen, Netzwerkteilnehmer …) der Kopplung von *Aktionen* (Handlungen) gegenüberzustellen.

Die festere oder losere Kopplung von Handlungen ist Ausdruck der jeweils flexibleren oder starreren *Entscheidungsprogramme*. Die festere oder losere Kopplung von Akteuren verweist auf ihre Funktion als Entscheidungsprämisse. Wo z. B. Personen schnell ausgetauscht werden, können sie nicht für Stabilität der Entscheidungsprinzipien sorgen. Analoges gilt für die Kopplung von Organisationseinheiten. Wenn die Strukturen der Organisation alle paar Monate geändert werden und neue Zu-, Über- und Unterordnungsverhältnisse mit neuen *Kommunikationswegen* verbunden werden, so hat dies Auswirkung auf die Selektion von Entscheidungen. Die Änderung von Kommunikationswegen kann also auf beiden Ebenen Wirkung zeigen: bei den Akteuren wie bei den Aktionen und ihrer Kopplung.

Wenn im Folgenden diese beiden Dimensionen (Akteure/Aktionen) zur Grundlage einer Organisationstypologie gemacht werden, so bilden sich darin auch die Entscheidungsprämissen der Organisation ab.

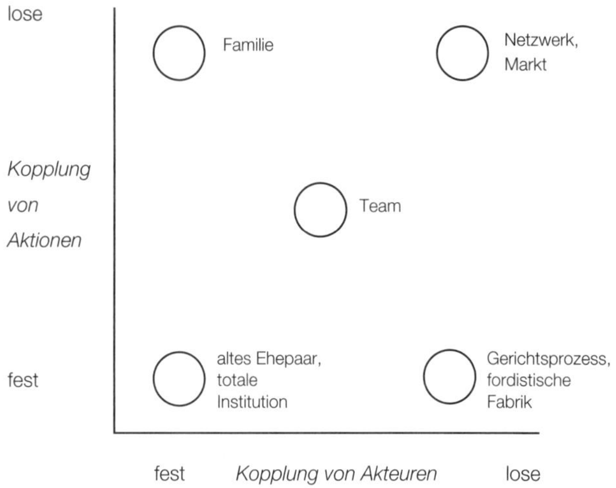


*Abb. 9: Kopplungsmuster*

Die in Abbildung 9 dargestellten sozialen Systeme und ihre unterschiedlichen Kopplungen sind hier nur als Beispiele angeführt, um die Funktionen von loserer und festerer Kopplung zu verdeutlichen. Dabei sind *Familie*, *altes Ehepaar* und *Markt* nicht als Beispiele für Organisationen und ihre Konstruktionsprinzipien zu verstehen (denn das sind sie nach den hier skizzierten Definitionen nicht), sondern als Beispiele für Kopplungen, die in Organisationen eher selten zu beobachten (wenn auch nicht ausgeschlossen) sind (vgl. Simon 2004, S. 85 ff.).

Das Beispiel der fordistisch organisierten Fabrik und des Gerichts (bzw. Gerichtsverfahrens) illustriert, dass überall dort, wo es um die Sicherstellung von sachlichen Ergebnissen geht, Prozesse klar definiert sein müssen (*feste Kopplung* der *Aktionen*). Das Ziel eines Gerichtsprozesses ist – ganz unmetaphorisch –, zu einer Entscheidung zu gelangen. Und, um dies nur aufgrund von Gesetzen, Vorschriften und Verordnungen (= Programmen) zu tun, sollte idealerweise von Personen (als Entscheidungsprämissen) abgesehen werden. Deshalb macht die Prozessordnung Vorgaben, die im Zweifelsfall eingeklagt und ihrerseits zum Gegenstand von Prozessen gemacht werden können. Hier ist also die Austauschbarkeit der Akteure das organisierende Prinzip („... ohne Ansehen der Person").

Etwas Analoges ist in der Produktion zu beobachten. Auch hier erfordert die Einhaltung von Qualitätsstandards, die Prozesse soweit zu normieren und zu standardisieren, dass das Endprodukt bestimmten Qualitätskriterien gerecht wird, unabhängig davon, wer an dem jeweiligen Werkstück gearbeitet hat. Dazu ist es notwendig, die prinzipielle Austauschbarkeit der beteiligten Personen sicherzustellen. Deswegen werden Handbücher etc. angefertigt, um dem Wissen erfahrener Mitarbeiter den Monopolcharakter zu nehmen.

Das Gegenbild zu den sachorientierten Organisationen bilden die personorientierten Systeme. Familien repräsentieren heute die Extremform der Personenorientierung. Im Prinzip sind dort alle Handlungsweisen und -muster veränderbar. Sie wandeln sich im Laufe der gemeinsamen Interaktionsgeschichte der Familienmitglieder. Die Personen bleiben dieselben, und ihre unvermeidlichen Veränderungen – vom Säugling zum Greis – können sozial integriert werden, weil Familien ihre Programme und Kommunikationswege an den Bedürfnissen ihrer Mitglieder orientieren.

In Organisationen finden sich familienartige Kommunikationsmuster, wenn – wie z. B. in vielen Start-ups oder in kleinen Familienunternehmen – die Personen als organisierendes Prinzip wirken. Hier ist das Ziel oft, die beteiligten Personen in Arbeit und Brot zu bringen. Deshalb richten sich die Interaktions- und Handlungsmuster nach den Bedürfnissen und Fähigkeiten der beteiligten Personen. Sie bilden die wichtigste Entscheidungsprämisse. Hier sind die Personen nicht austauschbar *(fest gekoppelt)* die Aktionen hingegen sind variabel.

Teams, um eine weiteres Beispiel zu skizzieren, vereinen die Personenorientierung und die Sachorientierung der Kommunikation, was dazu führt, dass die Personen nicht wirklich austauschbar sind, aber trotzdem die Existenz des Teams nicht auf Gedeih und Verderb an die Mitgliedschaft einzelner Personen gebunden ist. Man kennt sich persönlich gut, weiß um die Macken und Qualitäten des anderen, ist „eingespielt", sodass man sich nicht immer wieder neu auseinandersetzen muss, was funktionell als Äquivalent zu Programmen verstanden werden kann. Da die kleine Gruppengröße ermöglicht, dass jeder mit jedem kommuniziert, bedarf es keiner formalisierten Kommunikationswege. Das kann Zeit ersparen, aber auch Machtkämpfe zur Folge haben, wenn keine klaren Über- und Unterordnungsverhältnisse als Entscheidungsprämisse wirksam werden.

Als letztes Beispiel sei hier die Form von Organisation genannt, die von Goffman (1961, S. 17 ff.) als „totale Institution" bezeichnet wurde (Gefängnisse, psychiatrische Anstalten etc.). Als „Insasse" kann man nicht zwischen unterschiedlichen sozialen Kontexten (Privatleben/Arbeit) und Rollen unterscheiden. Wer als Mitarbeiter eines Krankenhauses den ganzen Tag im OP steht und Herzen transplantiert, kann sich in seiner Freizeit mit Gartenarbeit beschäftigen, und weder im Krankenhaus muss jemand etwas über seine gärtnerischen Passionen wissen, noch im Kleingärtnerverein jemand erfahren, dass er hauptberuflich Menschen aufschneidet. In totalen Institutionen ist der „ganze Mensch", sein Körper, seine Psyche und alles, was er oder sie tut, in die Organisation integriert. Es gibt kein Entrinnen, keinen Raum, wo gegenüber der Organisation oder ihren Vertretern Abgrenzung legitim wäre und man ihnen sagen könnte: „Das geht Sie nichts an! Das ist meine Privatsache!" (Das gilt allerdings nur für die Insassen solcher Institutionen, nicht ihre Mitarbeiter.)

Welche Modalitäten der Kopplung für welche Art von Organisation am nützlichsten ist, kann nicht allgemein beantwortet werden. Wo die relevanten Umwelten über lange Zeiten konstant bleiben, sind stabile Prozesse nicht nur mit dem Überleben vereinbar, sondern womöglich auch das ökonomisch Schlauste. Wozu immer wieder neue Rezepte (Programme) ausprobieren, wenn die alten zielführend sind? Wo sich hingegen sachliche Anforderungen (z. B. Märkte) schnell ändern, dürfte es von Vorteil sein, wenn zuverlässige und miteinander vertraute Akteure sich den sachlichen Herausforderungen widmen können, statt ihre Energie mit der Klärung interpersoneller Konflikte verschwenden zu müssen.

## 7.4 Kommunikationsmedien

Ohne Kommunikation keine Kopplung von Akteuren und/oder Aktionen. Und ohne Kommunikationsmedien keine Kommunikation.

Kommunikationsmedien sind Voraussetzung für die Bildung sozialer Systeme. Denn wie sollten Informationen mitgeteilt und verstanden werden, wenn sie nicht ein Substrat hätten, in dem sie ihren Ausdruck finden können? Musterbeispiel für solch ein Medium ist die Sprache. Sie ermöglicht, Ansichten zu formulieren, Behauptungen aufzustellen, ihnen zuzustimmen, ihnen zu widersprechen, Anweisungen zu geben, Bekanntmachungen vorzunehmen usw.

Die Eigenschaften, die ein Kommunikationsmedium aufweisen muss, wurden zuerst von Fritz Heider analysiert. Er untersuchte, was den Beobachter mit dem beobachteten Gegenstand *verbindet*. Wer sieht, wie in weiter Entfernung eine Kanone abgeschossen wird, nimmt den aufsteigenden Rauch wahr, bevor er den Schall hört. Zu diesem Zeitunterschied kommt es, weil er mit der Kanone durch verschiedene Medien verbunden ist: Schall und Licht. Da das Licht sich schneller bewegt als der Schall, hört man den Knall später als man die Rauchentwicklung sieht. In dieser Verwendung des Begriffs ist das Medium ein Transportmittel für Signale. Es transportiert keinen eigenen Sinn (denn der muss den Signalen vom Beobachter erst zugeschrieben werden).

Als Medium ist jedes Substrat geeignet, dessen Elemente *loser* gekoppelt sind als die Elemente des beobachteten „Dings" (Heider 1926). Auf diese Weise ist das Medium in der Lage, sich fremden Formen anzupassen (wie das Wasser der Wanne) und einige Aspekte ihrer Merkmale – nicht ihren Sinn, wohlgemerkt – zu transportieren. Die Schallwellen verändern nicht die Relationen der gesprochenen Worte, das Licht nicht die des beobachteten Objekts. Eine Wolldecke, die man über einen Stuhl legt, passt sich der Gestalt des Stuhls mehr an als die Gestalt des Stuhls der Wolldecke.

Kommunikationsmedien sind allerdings nicht so harmlos, wie es scheint, denn sie haben manchmal Eigenschaften, die sie klammheimlich mittransportieren. Daher läuft der Beobachter Gefahr, die Eigenschaften des Mediums mit denen des beobachteten Gegenstands zu verwechseln (z. B. die Merkmale der Landkarte mit denen der Landschaft).

Das gilt auch für die Sprache. Denn ihre Begrifflichkeit folgt einer eigenen Logik, die nicht unbedingt mit der Logik der Phänomene, über die gesprochen wird, übereinstimmen muss. Sie mögen „feinkörniger“ oder „grobkörniger“ sein als die verwendeten begrifflichen Unterscheidungen; sie können sich gleichzeitig ereignen, obwohl sie sprachlich als Sequenz dargestellt werden, usw. Als Medium qualifiziert sich die Sprache dadurch gut, dass die lose gekoppelten Elemente des Repertoires an Lauten nahezu beliebig *fest* zu Worten gekoppelt (= geformt) werden können, Worte zu Sätzen, Sätze zu Geschichten etc. Analog dazu erweist sich das Alphabet als gutes Medium, da sich die Buchstaben in großer Variationsbreite zu Worten und Texten koppeln lassen.

Für die Organisationstheorie sind Kommunikationsmedien deswegen von Bedeutung, weil z. B. die Schrift als Medium erst ermöglicht hat, dass auch Fernkommunikation (über die Interaktion zwischen Anwesenden hinaus) möglich wurde. Und durch die Fortschritte der Nachrichtentechnik haben sich auch Organisationsformen in ungeahnter Weise ändern können. Wenn dem Lauf der Sonne folgend 24 Stunden am Tag an verschiedenen Orten von unterschiedlichen Teams am selben Projekt gearbeitet wird, so ist dies nur durch Zeit und Raum überbrückende Kommunikationsmedien möglich. Sie ermöglichen die globale Koordination von Aktionen und Akteuren.

Es gibt aber noch eine zweite Art von Medien, die für das Verständnis von Organisationen wichtig ist: die *Steuerungsmedien* („symbolisch generalisierte Kommunikationsmedien“). Ihre Besonderheit besteht darin, dass sie „an sich“ höchst unwahrscheinliche, zielgerichtete Kommunikationen wahrscheinlicher machen.

Statt mit einer Definition zu beginnen, soll ihre Wirkung am Beispiel des *Gelds* als solch eines Kommunikationsmediums erklärt werden.

Was Geld von der Sprache unterscheidet, ist, dass es nicht jeden denkbaren Inhalt kommunizieren kann, sondern nur zur Kommunikation einer *spezifischen* Sinndimension verwendet werden kann. Der Bezug auf sie ist gewissermaßen eine der stillschweigenden Prämissen der Verwendung von Geld. Es geht um eine charakteristische Beziehungsform zwischen den beteiligten Akteuren, bei denen – um es ganz platt auszudrücken – einer vom anderen etwas will (eine Ware, eine Leistung etc.), was der nicht ohne Weiteres (aus spontaner eigener Motivation) zu geben bereit ist. Wenn ihm Geld im Tausch dafür angeboten wird, kann ein bis dahin unmotivierter Akteur dazu motiviert werden, sich von dem begehrten Objekt zu trennen (es zu verkaufen) oder die gewünschte Aktion zu vollziehen (die Leistung gegen ein Honorar, Lohn oder Gehalt zu erbringen).

Schaut man auf die Historie, so „ist Geld vermutlich nicht im Hinblick auf seine Tausch vermittelnde Funktion, sondern als Zeichen für unausgeglichene Leistungsverhältnisse" entstanden (Luhmann 1997, S. 348). Banknoten waren zunächst Schuldscheine. Sie bzw. die damit verbundenen Ansprüche konnten übertragen werden. Doch dieser Schuldscheinaspekt bezieht sich auf erbrachte Leistungen in der Vergangenheit. Geld wirkt aber auch in die Zukunft, das heißt, es kann ungleiche Leistungsverhältnisse herbeiführen: Einer wird leisten, der andere wird zahlen.

> „Symbolisch generalisierte Medien transformieren auf wunderbare Weise Nein-Wahrscheinlichkeiten in Ja-Wahrscheinlichkeiten – zum Beispiel: indem sie es ermöglichen, für Güter oder Dienstleistungen, die man erhalten möchte, Bezahlung anzubieten" (Luhmann 1997, S. 320).

Geld *symbolisiert* Wert in besonderer Weise, weil es nicht nur als Zeichen für den Wert irgendwelcher Objekte etc. fungieren kann, sondern auch ohne solch einen bewerteten Gegenstand *selbstbezüglich* seinen eigenen Wert bezeichnet. Dadurch gewinnt es seinen Charakter als *generalisiertes* Medium, weil es im Prinzip gegen *alles* getauscht werden kann, was für Geld zu haben ist, und weil es von *jedermann* nutzbar ist.

Damit dies funktioniert, müssen die Teilnehmer an der Kommunikation eine Wirklichkeitskonstruktion teilen: dass Geld Wert symbolisiert (= hat). Wenn das der Fall ist, entsteht Austauschbarkeit (lose Kopplung) zwischen den potenziellen Kommunikationsteilnehmern.

Geld entlastet das System vom Blick in die Vergangenheit und der Frage, womit das gezahlte Geld eigentlich verdient worden ist. Denn es macht für den, der die Zahlung erhält, keinen Unterschied (Geld stinkt nicht, weil man ihm nicht anriecht, wo es herkommt). Und es entlastet denjenigen, der zahlt, vom Blick in die Zukunft und der Frage, wofür das gezahlte Geld weiter verwendet wird. Die Aufmerksamkeit der Beteiligten kann auf das Hier und Jetzt, d. h. die Gegenwart, fokussiert bleiben.

Hier zeigt sich der Unterschied zwischen dem Tausch von Gütern oder Dienstleitungen und ihrem Kauf/Verkauf. Beim Tausch nach dem Muster „Schneidest du mir die Haare, mähe ich deinen Rasen!" oder „Gibst du mir deine Briefmarkensammlung, gebe ich dir meine Bierdeckelsammlung!" kommen nur sehr ausgewählte – unverwechselbare – Partner für die jeweiligen Transaktionen infrage. Da diese nur schwer zu finden sind, ist es sehr unwahrscheinlich und an einen spezifischen Kontext gebunden, dass die zueinander passenden Partner sich tatsächlich finden und solch ein Tausch zustande kommt (das könnte sich durch das Internet ändern). Wird hingegen das Haarschneiden durch Geld honoriert, so kann mit dem gezahlten Geld jemand angeheuert werden, der den Rasen mäht, es kann aber auch eine Bierdeckelsammlung gekauft werden.

Das Kommunikationsmedium Geld erhöht die Austauschbarkeit auf beiden Seiten: Sowohl die beteiligten Akteure werden austauschbar als auch die Dienstleistungen oder Waren, die gekauft/verkauft werden.

Es ist deshalb nicht verwunderlich, dass Organisationen, die auf die Austauschbarkeit ihrer Mitglieder angewiesen sind, langfristig nur überleben können, wenn sie über genug Geld verfügen, um sie bezahlen zu können. Geld als Kopplungsmedium wirkt aber in beide Richtungen: Auch Organisationen werden für die Mitglieder austauschbar, solange konkurrierende Organisationen in der Lage und willens sind, sie als Mitarbeiter zu bezahlen. Geld koppelt also die Mitglieder und die Organisation aneinander und es sorgt für die Möglichkeit der Entkopplung. Aber da auch Dienstleistungen von außen hinzugekauft werden können, ermöglicht Geld auch, externe Aktionen in die Gestaltung der eigenen Prozesse einzubinden.

Als Steuerungsmedium fungiert Geld, wie alle anderen Steuerungsmedien, weil es „die Annahme einer Kommunikation erwartbar" macht „in Fällen, in denen die Ablehnung wahrscheinlich ist" (Luhmann 1997, S. 316).

Und das nicht nur innerhalb von Organisationen, sondern auch außerhalb. Geld ist allerdings nicht das einzige Steuerungsmedium, das in Organisationen wirksam wird. Macht ist ein anderes ...

# 8. Macht und Organisation

## 8.1 Was „ist" Macht?

Im systemischen Feld wird seit Urzeiten kontrovers diskutiert, ob „Macht" ein sinnvolles Konzept ist. Hintergrund dafür ist, dass Macht häufig mit einer geradlinigen Ursache-Wirkungs-Beziehung in der Interaktion zwischen Menschen verwechselt wird. Dass Macht so simpel nicht funktioniert, weiß jeder, der schon einmal versucht hat, sein Kleinkind zu zwingen, den ungeliebten Spinat zu essen. Es ist aber auch theoretisch erklärbar (durch die Autonomie und Strukturdeterminiertheit autopoietischer Systeme ...).

Hier soll dennoch eine Lanze für das Konzept der Macht gebrochen werden, da es – auch und gerade – aus systemtheoretischer Sicht einen hohen Erklärungswert hat. Ja, Organisationen als soziale Systeme wären nicht denkbar, ohne auf Macht als Erklärung Bezug zu nehmen.

Allerdings muss Macht anders als im Sinne schlichter Ursache-Wirkungs-Modelle definiert werden.

Beginnen wir mit dem Blick aus der Außenperspektive auf Machtbeziehungen. Denn mit „Macht" wird ja eine Beziehung beschrieben, keine Eigenschaft, die einem individuellen Akteur zugeschrieben werden könnte. Wo jemand im „Besitz" (eine problematische Metapher) von Macht ist, muss es jemanden geben, demgegenüber sie ausgeübt wird. Macht beschreibt eine asymmetrische Beziehung, in der einer Partei die Rolle oder Funktion des „Machthabers", der anderen die des „Machtunterworfenen" zugeschrieben werden kann (vor allem von den Beteiligten selbst). Macht beinhaltet, „auf der allgemeinen Ebene – immer die bestimmten Individuen oder Gruppen verfügbare Möglichkeit, auf andere Individuen oder Gruppen einzuwirken" (Crozier u. Friedberg 1977, S. 39).

Dazu bedarf es der Kommunikation, das heißt, das Phänomen Macht – die Einwirkung eines Akteurs auf einen anderen Akteur –

muss sich durch kommunikative Mechanismen erklären lassen. Da die hier betrachteten Akteure, seien es Individuen oder soziale Einheiten (Organisationen, Organisationseinheiten, Gruppen etc.) operationell geschlossen und strukturdeterminiert funktionieren, ist „instruktive Interaktion", bei der ein Akteur eineindeutig *festlegen* kann, was der andere tut, nicht möglich (Maturana u. Varela 1984, S. 106).

Was aber möglich ist, ist „destruktive Interaktion", das heißt, ein lebendes Wesen kann das andere erschießen oder sonst wie dafür sorgen, dass seine Existenz ein Ende findet. Übertragen auf autopoietische Systeme im allgemeinen, heißt dies, dass sie gegenseitig als Umwelten füreinander die Fortsetzung ihrer Autopoiese bedrohen können.

Wenn wir uns Organisationen anschauen, so brauchen sie in der Regel Mitglieder, welche die Arbeit etc. erledigen. Ein Streik gefährdet das Überleben eines jeden Unternehmens – und hierin liegt die Macht der Mitarbeiter (als Kollektiv, nicht als Individuen) gegenüber dem Unternehmen. Und wenn eine Organisation einen Mitarbeiter entlässt, so bedroht sie damit dessen (wirtschaftliche) Existenz, was ihr Macht verleiht.

Dass die Anordnungen eines Vorgesetzten von einem Untergebenen befolgt werden, kann daher auch ohne geradlinige Kausalität erklärt werden: Er *entscheidet* sich, das zu tun, was jemand, dem er Macht zuschreibt, von ihm erwartet, weil er die Konsequenzen der Enttäuschung dieser Erwartung befürchtet (bzw. ins Positive gewendet: erhofft). Er könnte sich aber – das ist der Unterschied zur Kausalität – auch anders verhalten.

Die psychologische Frage, warum ein *konkretes* Mitglied einer Organisation sich seinem Vorgesetzten unterordnet, ist für die Organisationstheorie nicht wichtig. Hauptsache ist, dass es offenbar *irgendwelche* guten Gründe (= Motive) hat, die Spielregeln der Organisation zu akzeptieren. Wenn es das tut, dann koppelt es sich/sein psychisches System/seinen Organismus an die Organisation. Deren formale Strukturen definieren die Rollen des Machthabers und Machtunterworfenen. Wer die eine oder die andere Rolle antritt, weiß, was er zu tun hat bzw. was von ihm erwartet wird, unabhängig davon, wer der Vorgesetzte ist und was er sich im Einzelfall einfallen lässt (das fällt in die Indifferenzzone des Mitarbeiters).

Das betrifft zumindest die Aspekte der Macht, die sich aus den formalen Strukturen der Organisation ergibt, unabhängig davon, welche Personen im Einzelfall diese Rollen ausfüllen. Macht wirkt hier als Steuerungsmedium (= „symbolisch generalisiertes Kommunikationsmedium"), das unwahrscheinliche Kommunikation wahrscheinlich macht (vgl. Luhmann 1975). Die Beteiligten akzeptieren die Asymmetrie der Beziehung als Prämisse ihrer eigenen Entscheidungen.

Aber auch außerhalb formaler Strukturen entstehen Machtverhältnisse. Wo Akteure aufeinander angewiesen sind (als Lieferanten lebenswichtiger Ressourcen oder auch nur für das Erreichen der eigenen Ziele), erwächst ein wechselseitiges Sanktionspotenzial. Wenn es asymmetrisch verteilt ist, kann es dazu genutzt werden, das Verhalten des anderen zu beeinflussen.

Machtstrategien – z. B. in der Politik – sind oft mit ausgesprochenen oder unausgesprochenen Sanktionsdrohungen verbunden (der UN-Sicherheitsrat liefert in regelmäßigen Abständen Beispiele für derartige Einflussversuche, wenn etwa ein Handelsembargo in Aussicht gestellt wird). Ziel der *einen* Partei ist es, die *andere* Partei (autonomes System) dazu zu bringen, sich „freiwillig" so zu entscheiden, wie die *eine* es möchte. Ob sie tatsächlich die Macht hat, erweist sich daran, ob die andere tut, was von ihr gewünscht wird ... Die Sanktionen tatsächlich vollziehen zu müssen, ist also immer ein Zeichen der Machtlosigkeit (der Beginn eines Krieges etwa, vgl. Simon 2001, S. 251 ff.).

Die Machtfrage wird dann zur Frage der größeren oder geringeren gegenseitigen Austauschbarkeit. Wenn Saudi Arabien kein Öl mehr liefert, gewinnt es nur Macht über die Öl-Verbraucher, falls nicht der Iran einspringt usw. Diese Machtverhältnisse haben natürlich auch Auswirkungen auf die Preisgestaltung. Aber dabei geht es nur scheinbar um die „Knappheit" von Gütern, wie dies ökonomische Theorien nahe legen, sondern um die größere oder geringere Austauschbarkeit des Anbieters bzw. seines Produktes bzw. der durch es/ihn erfüllten Funktionen. „Knappheit" erscheint dann als „Eigenschaft" eines Gutes. Es ist aber nicht die *Sachdimension* der

Kommunikation, um die es hier geht, sondern die *Sozialdimension*. Die Nicht-Austauschbarkeit erzeugt die Macht des Monopolisten.

Größere Macht „hat“ (Beobachtung 2. Ordnung) in einer gegenseitigen Abhängigkeitsbeziehung immer derjenige, der vom anderen als weniger austauschbar erlebt wird (Beobachtung 1. Ordnung) als umgekehrt (Simon 2004, S. 95 ff.). Das gilt auch für die Beziehungen zwischen Organisationen und ihren Umwelten bzw. organisationsintern: zwischen Personen, Rollen- und Funktionsträgern, die aufeinander angewiesen sind, um ihre Arbeit zu erledigen.

## 8.2 Unsicherheitsabsorption als Funktion von Macht

Was heißt Austauschbarkeit oder Nicht-Austauschbarkeit, wenn wir dies in den Rahmen der bislang referierten Organisationstheorie einzuordnen versuchen?

Wo immer ein autopoietisches System für sein Überleben oder seine Zielerreichung auf Umwelten angewiesen ist, stellen diese Umwelten Unsicherheitsfaktoren für das System dar. Das gilt für die Beziehung einer Organisation zu den psychischen Systemen ihrer Mitglieder, aber auch für die Beziehung zu anderen Organisationen oder größeren gesellschaftlichen Subsystemen wie etwa der Politik.

Deswegen kann die Macht eines Akteurs mit seiner Möglichkeit, Unsicherheit oder Ungewissheit für andere Akteure zu erzeugen und zu beseitigen, korreliert werden.

> „Die Macht eines Individuums oder einer Gruppe, kurz, eines sozialen Akteurs, ist […] eine Funktion der Größe der Ungewissheitszone, die er durch sein Verhalten seinen Gegenspielern gegenüber kontrollieren kann. Aber nicht irgendeiner Ungewissheitszone […]: diese muss auch relevant sein, sowohl in Bezug auf das zu behandelnde Problem, als auch hinsichtlich der Interessen der beteiligten Parteien. Es muss sich also um eine Ungewissheitszone handeln, deren Vorhandensein und Beherrschung die Handlungsfähigkeit der einen und der andern bedingt“ (Crozier u. Friedberg 1977, S. 43).

Entscheidungen haben die Funktion der Unsicherheitsabsorption. Wer innerhalb einer Organisation die Möglichkeit hat, die Unsicherheit anderer durch seine Entscheidungen zu steigern oder zu verringern, hat Macht über sie.

Das gilt auf der formalen, aber auch auf der informellen Ebene. Dort stellt sich die Frage allerdings mit einem inhaltlichen Fokus: Wer braucht zum Erreichen seiner Ziele wen bzw. die vom anderen erfüllten Funktionen mehr, als der ihn bzw. die von ihm erfüllten Funktionen? Oder noch einmal: Wer ist für wen leichter austauschbar und weswegen?

> „Welches sind nun die Quellen, welches die Grundlagen der Macht? Die Antwort auf diese Frage scheint sich von selbst zu verstehen: das Ergebnis einer Machtbeziehung wird naturgemäß bestimmt von den Trümpfen, den Ressourcen und Kräften, kurz, der jeweiligen Stärke jedes der beteiligten Gegenspieler. Das mag wohl stimmen, nur muss man dabei genauer bestimmen, was man unter ‚Stärke' versteht. Was wird denn in einer Machtbeziehung ausgetauscht? Nicht so sehr die Kräfte oder die Stärke der einzelnen Gegenspieler, als vielmehr ihre Handlungsmöglichkeiten. Denn A wird nicht bloß deshalb eine Machtbeziehung zu B aufnehmen, weil er seine Kräfte mit ihm messen will. Er hat ein genaueres Ziel: B zu einem Verhalten bringen, von dem seine eigene Handlungsfähigkeit abhängt. Anders gesagt, durch sein Verhalten allein kontrolliert B gewissermaßen die Möglichkeit A's, seine Ziele zu erreichen. Und je mehr B seine Bereitschaft, die von A geforderte Handlung zu vollziehen, verweigern kann, das heißt, je besser die B zur Verfügung stehenden Ressourcen ihm erlauben, sein künftiges Verhalten für A unvorhersehbar zu machen, desto günstiger wird das sich letztlich durchsetzende Kräfteverhältnis für B sein. Die Macht ist also letztlich in dem Freiraum angesiedelt, über den jeder der in eine Machtbeziehung eingetretenen Gegenspieler verfügt, das heißt, in seiner mehr oder weniger großen Möglichkeit, das zu verweigern, was der andere von ihm verlangt" (Crozier u. Friedberg 1977, S. 41).

Die Autoren beschreiben hier die Wechselbeziehung zwischen Unsicherheit und Macht, die manche Phänomene in Organisationen erklären kann. Wo ein hohes Maß an Unsicherheit besteht, eröffnet sich der Raum für Machtbeziehungen. Macht entsteht dort, „wo ein Entscheider über Unsicherheit *anderer* in Bezug auf seine eigene Entscheidung disponieren kann. Auch wenn Macht nach wie vor hierarchisch geordnet ist, besagt das deshalb nicht, dass die Unsicherheitsabsorption konzentriert oben stattfindet [...]" (Luhmann 2000, S. 212).

Hieraus resultiert die Nützlichkeit, zwischen formaler und informeller Macht in Organisationen zu unterscheiden.

Denn die faktische Macht in einer Organisation hat immer der, dessen Funktion für das Überleben oder die Zielerreichung der Organisation bzw. ihrer Untereinheiten weniger austauschbar ist als die des anderen.

## 8.3 Die Funktion der Hierarchie

Untersucht man, wie *tatsächlich* in Organisationen Entscheidungen getroffen werden, so zeigt sich, dass nur ein geringer Teil der zu entscheidenden Fragen an der Spitze einer Hierarchie landet. Die meisten operativen Entscheidungen werden vor Ort von den Personen, Gruppen oder Gremien getroffen, die sachlich etwas von der jeweiligen Angelegenheit verstehen.

Analysiert man die gegenseitigen Abhängigkeiten im Sinne der Nicht-Austauschbarkeit, so haben Hierarchen oft weit weniger Macht als die ihnen formal unterstellten Mitarbeiter. Das liegt zum einen daran, dass die Mitarbeiter entscheiden, was überhaupt „nach oben" kommuniziert wird. Sie haben eine Art Filterfunktion und können ihre „Chefs" ruhig stellen und in gewissen Bandbreiten ahnungslos halten. Zum zweiten sind sie es, die operativ umsetzten, was immer an der Spitze beschlossen werden mag. Insofern entscheiden sie stets in großem Maße, ob ihre Vorgesetzten „erfolgreich" sind, oder anders gesagt: Sie kontrollieren die Unsicherheiten ihrer Chefs und haben daher auch eine nicht zu unterschätzende Macht über sie.

Damit wird aber aus der vermeintlich gerichteten und asymmetrischen Beziehung zwischen „oben" und „unten" eine Heterarchie, ein Netzwerk „verwickelter Hierarchien" oder „seltsamer Schleifen": A verfügt über Macht gegenüber B, B verfügt über Macht gegenüber C, und C verfügt über Macht gegenüber A ...

Dennoch sollte die Wichtigkeit formaler Hierarchie nicht unterschätzt werden. Denn in Organisationen müssen die Handlungen einer Vielzahl von Akteuren koordiniert werden. Unterschiede der Sichtweisen und Interessenkonflikte sind unvermeidbar. Beides sind Variablen, die als Entscheidungsprämissen für die Beteiligten wirksam werden. Um koordiniertes Handeln zu ermöglichen, bedarf es koordinierter Entscheidungsprämissen.

In der Face-to-face-Kommunikation könnte solch ein Abgleich der Prämissen noch in langen Diskussionen erreicht werden, in größeren Organisationen ist dies faktisch unmöglich. Hierarchie kann (und muss) hier den Kommunikationsprozess ersetzen. Sie kann über die Entscheidungsprämissen entscheiden, welche die Mitglieder ihren Entscheidungen zugrunde zu legen haben.

Eine der wichtigsten Funktionen (das sollte ambivalent verstanden werden) von Hierarchie ist, dass sie Kommunikation überflüssig macht. Wo es darum geht, schnelle Entscheidungen zu treffen, gibt es keine bessere Möglichkeit, effizient koordiniert zu handeln, als einem das Kommando zu übertragen und ihm zu folgen. Bei einer chirurgischen Notoperation ist keine Zeit für das sorgfältige Abwägen der Ansichten und Erfahrungen aller Beteiligter („Was meinen Sie, Schwester Edith, sollten wir diese sprudelnde Arterie jetzt schon abbinden, erst später oder gar nicht?").

Allerdings verliert diese Art der Koordination ihre Funktionalität in Situationen, in denen genug Zeit zur Kommunikation ist. Denn unter Zeitdruck kann nicht sorgfältig reflektiert werden, es muss vereinfacht werden usw. Wenn aber ein sachorientierter Kommunikationsprozess eingeleitet wird, dann hat das Folgen auf der Beziehungsebene. Auf einmal gewinnen Kompetenzen und Erfahrungen Bedeutung, die nicht an der Spitze der Hierarchie konzentriert sind. Sachautorität kann nun formale Macht übertrumpfen. Der Gewinn für die Organisation ist, dass – im besten Fall – ihre Entscheidungen intelligenter sein können, als die eines Einzelnen (vgl. Simon 2004, S. 156 ff.).

Eine weitere Situation, in der Hierarchie eine zentrale Bedeutung für das Überleben von Organisationen gewinnt, ist der Konfliktfall. Wenn es zu Interessen- oder Zielkonflikten kommt, sei es zwischen Personen oder Organisationseinheiten, die zu einem Patt führen könnten, sorgt hierarchische Entscheidung für die Handlungsfähigkeit der Organisation. Unabhängig davon, ob ihre Entscheidungen als richtig oder falsch beurteilt werden, sie gewährleisten, dass eine Lähmung der Organisation verhindert wird. Und das Wissen, dass im Konfliktfall eine hierarchisch übergeordnete Instanz entscheidet, schafft für die Konfliktparteien ein Maß an Unsicherheit, das sie dazu motivieren kann, den Konflikt zu vermeiden oder sich friedlich zu einigen.

Eines der Paradoxa formaler Hierarchie ist, dass sie ihre Funktion zu einem guten Teil schon dadurch erfüllt, dass es sie gibt. Wo es unbezweifelte Machtstrukturen gibt, entstehen keine (weniger) Machtkämpfe. Macht erfüllt eine Konflikten vorbeugende Funktion, weil allen klar ist, dass nicht klar ist, welche Konsequenzen die Einbeziehung des Machthabers in die Kommunikation (das sprichwörtliche „Machtwort") hätte.

Für diejenigen, die formale Macht besitzen und sie an ihre Person binden wollen, ergeben sich daraus einige („perverse") Strategien individuellen Machterhalts. Sie sind – aus der Außenperspektive gesehen – in der Regel nicht zum Nutzen der Organisation, weil sie verhindern, dass die Ressourcen der Mitglieder genutzt werden (in die Kommunikation kommen). Eine beliebte Strategie ist, Zeitdruck zu erzeugen. Wo „Not am Mann" ist, muss schnell, d. h. hierarchisch, entschieden werden. Zeitdruck ist manchmal objektiv gegeben, aber trotzdem kann von der Führung proklamierter Zeitdruck unter den Generalverdacht gestellt werden, dass Kommunikation (d. h. Auseinandersetzung, Diskurs) vermieden werden soll.

Die zweite Strategie des Machterhalts besteht in der seit Jahrtausenden bekannten Methode des „Teile und herrsche!" Wo auf den hierarchisch untergeordneten Ebenen Konflikte bestehen, da kann die Hierarchie ihre Funktion zeigen … Das heißt nicht, dass sich solche Konflikte generell vermeiden ließen, ganz im Gegenteil: Organisationen gewinnen ihre Funktionalität zu einem großen Teil daraus, dass sie Konflikte handhabbar machen. Aber nicht jeder Konflikt ist nützlich, mancher dient nur dazu, die Macht von Hierarchen zu stabilisieren …

Wo es keine unveränderbaren Ziele und Zwecke von Organisationen gibt und wo die Veränderungen der Umwelten für ständige Unsicherheit sorgen, erweist Hierarchie – unabhängig von den skizzierten, aus Sicht der Organisation dysfunktionellen Machtstrategien – ihren Nutzen. Die relevanten Umwelten der Organisation zu beobachten und sie darüber zu informieren, ist eine der wesentlichen Aufgaben von Hierarchie: „Man kann etwa sagen, dass sich Funktion und Legitimation hierarchischer Unterordnung aus den besseren oder wichtigeren Umweltkontakten ergeben, die sich an der Spitze zentrieren lassen. Der Chef ist der Ressourcenbeschaffer, auf der Ebene kleinerer Arbeitseinheiten ebenso wie auf der Ebene hochkomplexer Systeme. Er transformiert Irritationen in Informationen" (Luhmann 2000, S. 37).

Und, das muss hier betont werden, der Hierarch ist aufgrund seiner Macht in der Lage, unwahrscheinliche Kommunikation zu initiieren: Mitarbeiter miteinander in Kontakt zu bringen (koppeln), die formal nichts miteinander zu tun haben. Er kann kreativ neue Kommunikationsformen oder -strukturen ins Leben zu rufen, die sich spontan nicht bilden würden. Er kann komponieren …

# 9. Organisationskultur

## 9.1 *Praxis vs. Poiesis*

Über Organisationskultur wird seit einigen Jahren lebhaft diskutiert. Wie kann dieser Begriff definitorisch in die bislang entworfene Theoriearchitektur eingeordnet werden?

> „Eine Organisationskultur entsteht wie von selbst. [...] Es handelt sich um formal redundante Kommunikation, im griechischen Sinne nicht um poíesis, sondern um práxis; nicht um Herstellung eines Werkes, sondern um eine Tätigkeit, die als solche genossen wird. Ihr Ergebnis bleibt anonym produziert, und erst Anthropologen oder Soziologen entdecken die latente Funktion dieser Art von Kommunikation, das Zusammengehörigkeitsbewusstsein und seine moralischen Anforderungen zum Ausdruck zu bringen, ohne dies direkt zum Thema der Kommunikation zu machen und es damit der Annahme oder Ablehnung auszusetzen" (Luhmann 2000, S. 243).

Kulturelle Regeln entstehen nicht zweckrational, sondern sie entwickeln sich evolutionär, einfach so ... Es gibt niemanden, der entscheiden könnte, welche Regeln gelten, und dennoch stellen sie Entscheidungsprämissen für das Verhalten derer dar, die sich einer Kultur (auch einer Organisationskultur) zugehörig fühlen. Diese oft eher zufällig erscheinenden Kommunikations- und Verhaltensregeln (deskriptive und präskriptive Regeln) muss einhalten, wer „dazugehören" will, obwohl niemand sagen kann, wie und wann sie einmal entstanden sind.

Aus funktionaler Sicht lässt sich Organisationskultur „als Komplex der unentscheidbaren Entscheidungsprämissen" definieren (Luhmann 2000, S. 241). Ihre Gültigkeit erhalten sie nicht durch Entscheidungen von Personen oder Gremien etc. Sie sind emergent entstanden und dennoch verbindlich. Deshalb können sie auch nicht durch Entscheidungen bewusst und gezielt verändert werden.

Edgar Schein, einer der ersten, der Organisationskultur zum Thema machte, sieht in ihr „gemeinsam geteilte Werte" bzw. eine

„Menge kohärenter Glaubenssätze" (Schein 2003). Sie sind selbst nicht unmittelbar auf sachliche Zwecke gerichtet, aber dennoch müssen sie bei allen Versuchen, zielgerichtet zu handeln, als relevante Kontextvariablen berücksichtigt werden.

Organisationskulturen grenzen sich ab und reproduzieren sich dadurch, dass ihre Regeln befolgt werden. Allerdings werden sie als so selbstverständlich vorausgesetzt, dass sie erst beobachtbar werden, wenn man ihnen *nicht* folgt. Die Konfrontation mit anderen kulturellen Regeln (z. B. in anderen Organisationen/Branchen/Ländern etc.) bringt die eigenen Regeln ins Bewusstsein. Bis dahin bilden sie die unhinterfragte Grundlage des Handelns. Ihre Funktion ist soziale Grenzziehung: der Unterscheidung als *zugehörig* oder *nicht zugehörig* zum jeweiligen (sub-) kulturellen System.

Bezogen auf Organisationen sind kulturelle Regeln und Muster für die Aufrechterhaltung ihrer Autopoiese wichtig, da sie zur Bindung und Motivation der Mitglieder jenseits vertraglicher Pflichten beitragen. Sie werden aber, da sie nicht den offiziellen Zwecken der Organisationen dienen, oft nicht bewusst ins Kalkül gezogen. Sie und ihre Bedeutung fallen als gewohnte Alltags*praxis* erst dann auf, wenn durch überraschendes Verhalten oder unerwartete Entscheidungen gegen sie verstoßen wird und sich immer lauter die Frage stellt, ob die Organisation noch „die alte" ist.

Auch wenn sich Kultur als Menge nicht entscheidbarer Entscheidungsprämissen definieren lässt, so bleibt der Begriff noch zu vieldeutig, um daraus irgendwelche Handlungskonsequenzen ziehen zu können. Dazu bedarf es einer weiteren Operationalisierung.

## 9.2 Grammatische Regeln/Strukturen

Kulturanthropologen beschäftigen sich mit Kultur weit länger als Organisationsforscher. Auch sie sehen Kulturen als Kommunikationssysteme, sodass sich einige ihrer Analyseinstrumentarien für die Organisationstheorie nutzen lassen. Am kompatibelsten erscheinen die Konzepte von Edward T. Hall (1956). Er sieht Kultur als Medium der Kommunikation, vergleichbar mit einer Sprache. Aus dieser Perspektive lassen sich drei Typen kultureller

Regeln unterscheiden: *technische*, *informelle* und *grammatische*[3] Regeln.

Für die Kulturanthropologie, die sich mit fremden Kulturen beschäftigt, ist es notwendig, *alle* beobachtbaren Verhaltensweisen einer exotischen Kultur auf ihre impliziten Regeln hin zu analysieren und unter dem Kulturbegriff zusammenzufassen. So weit braucht der Begriff der Organisationskultur aber nicht zu greifen. Denn das, was Hall als technische Regeln definiert, ist in der bis hier entwickelten Organisationstheorie schon unter den Namen „Programm" und „Kommunikationsweg" bzw. „formale Organisation" erfasst. Die von Hall „informell" genannten Regeln kultureller Systeme entsprechen inhaltlich den informellen Strukturen und Regeln in Organisationen. Bleiben also die grammatischen Regeln als Kern der Organisationskultur.

Der Vergleich mit den grammatischen Regeln der Sprache liegt nahe, da ihre Funktion nahezu identisch ist. Wie sie erlernt werden und welche soziale Wirkung ihre Befolgung oder Nicht-Befolgung hat, lässt sich daher auch am besten am Beispiel der Sprache illustrieren.

Ob jemand zu einer Sprach-(= Kommunikations-)Gemeinschaft gehört, weiß man, wenn man ihn sprechen hört. Wer die Regeln der Grammatik nicht beherrscht, macht sich sofort als „Fremder" erkennbar („Ich habe Flasche leer!"). Daher wird durch die Demonstration der Beherrschung der Grammatik eine Grenze zwischen denen, die dazu gehören, und denen, die nicht dazu gehören, gezogen. An Fachsprachen ist das gut zu studieren, die andere formale Prüfungsverfahren, wer „mitreden" darf, überflüssig machen.

Auch in der Organisation gilt, was für derartige kulturelle Regeln im Allgemeinen gilt: Ihre Einhaltung wird als selbstverständlich vorausgesetzt, ohne dass die Frage nach ihrem Sinn oder Zweck gestellt würde. Welches Verhalten erwartet wird oder nicht erwartet wird (Gebote/Verbote), wird in kulturellen Systemen, in die man hi-

3 In den Texten von Hall ist der hier „grammatisch" genannte Typ von Regeln als „formal" bezeichnet. Da dieser Begriff im Kontext der Organisationsforschung mit einer anderen Bedeutung verwendet wird, ist er hier – der Analogie zur Sprache und der Theorie der Sprachspiele folgend – durch „grammatisch" ersetzt.

neingeboren wird, noch in der präverbalen Phase durch die Kommunikation von positiven oder negativen Gefühlen durch die Bezugspersonen vermittelt. Die so erlernten Verhaltensmuster und -erwartungen sind meist unbewusst, können aber bewusst gemacht und expliziert werden (wie die der Grammatik der Muttersprache). Auf diese Weise weiß jeder, der dieser Kultur zugehört, welches Verhalten erlaubt, erwartet und verboten ist. Wer in seinem Verhalten abweicht, dem zeigen meist sehr negative affektive Reaktionen der anderen, dass dies ein Irrtum war.

Das gilt auch für die Organisationskultur und ihre grammatischen Regeln. Wer sie systematisch verletzt, gehört nicht mehr dazu oder will nicht mehr dazugehören. Das hat für alle Beteiligten emotionale Folgen: Man ist sich der Zugehörigkeit nicht mehr gewiss, die gegenseitigen *Identifikationsmöglichkeiten* werden in Zweifel gezogen und verunsichert. So lenkt die Organisationen auch die Selektion des Personals: Eingestellt wird, wer zur Kultur der Organisation passt. Wer das nicht tut und versehentlich dennoch aufgenommen wird, sucht entweder nach kurzer Zeit selbst das Weite (weil er sich mit dem Laden nicht identifizieren mag), oder er wird irgendwie ausgegrenzt. Da die Organisation keinen Einfluss auf die Primärsozialisation ihrer Mitglieder hat, braucht sie diese Mechanismen der Selektion ihrer Mitglieder. Die rechtliche Möglichkeit zur Kündigung in der Probezeit hilft der Organisation, ihre Kultur vor Irritationen durch unpassende Mitglieder und ihr abweichendes Verhalten zu schützen. Da es nicht um sachliche Gründe geht, sondern um soziale, muss dies ohne Angabe von Gründen geschehen können. Im Rahmen der (technischen) Regeln des Arbeitsrechts wäre die Begründung, jemand passe nicht zur Kultur, vor Gericht kaum tragfähig.

*Grammatische* Regeln und Strukturen sichern keine über den Erhalt (= Autopoiese) des jeweiligen kulturellen Systems hinausgehenden, sachlichen Ziele und Zwecke. Das ist die Funktion der *technischen* Regeln und Strukturen der Organisation (formale Organisation, Kommunikationswege, Programme) bzw. der (manchmal kompensatorisch wirkenden) *informellen* Regeln und Strukturen.

Organisationen suchen sich unter den potenziellen Mitgliedern (Bewerbern) diejenigen Personen aus, die zu ihrer Kultur passen (es sei denn, Kulturveränderung wäre Ziel der Personalpolitik). Ab da erfolgt das Lehren und Lernen grammatischer Regeln in Organisationen nach ähnlichen Prinzipien wie das der Kultur, in die man hineingeboren wird: Auf Normverletzungen wird von den Kommunikationspartnern (mehr oder weniger stark und heftig) affektiv reagiert. Implizit wird durch die Kommunikation negativer Gefühle mit Rauswurf gedroht. Werden hingegen positive Gefühle gezeigt, so kann man dies als Zeichen werten, dass man als dazugehörig akzeptiert wird.

Grammatische Regeln ermöglichen hohe Erwartungs- und Verhaltenssicherheit unter den beteiligten Akteuren und sie sorgen für die Schließung des Systems gegenüber Nicht-Dazugehörigen, das heißt, sie etablieren und sichern interne Beziehungen und Außengrenzen.

Durch die Fokussierung der Aufmerksamkeit auf *Einhaltung* (Gebote) und *Abweichungen* (Verbote) von tradierten Verhaltens- und Kommunikationsmustern wirken sie immer konservativ. Sie können sich ändern, aber das tun sie nur langsam, denn es gibt ja genauso wenig sachliche Gründe für ihre aktuelle Form wie für ihre Änderung. Da sie *selbstverständlich* praktiziert werden, wird ihre Sinnhaftigkeit nicht hinterfragt.

Die Geschwindigkeit, mit der soziale (Spiel-)Regeln und Strukturen sich ändern, hängt offenbar ganz allgemein davon ab, wie sehr sie mit Gefühlen der Akteure gekoppelt sind: Je fester die Kopplung, desto langsamer und geringer die spontane Veränderung. Ein zweiter Faktor scheint ihre Zielorientierung zu sein. Sind sie sachlich auf einen Zweck gerichtet, so kann ihre Zweckmäßigkeit bewertet werden, und sie können relativ leicht und schnell geändert werden. Je geringer die sachliche Zweckorientierung, desto schwerer und langsamer der Wandel.

| ***Ebene der Regeln:*** | ***grammatisch*** | ***informell*** | ***technisch*** |
|---|---|---|---|
| *Kopplung mit Affekten:* | stark | mittel | schwach |
| **Veränderung der Muster:** | **langsam** | **mittel** | **schnell** |
| *Zielorientierung:* | gering | mittel | stark |

*Abb. 10: Muster der Veränderung (vgl. Simon 2004, S. 238)*

An der Befolgung grammatischer Regeln erweist sich die Zugehörigkeit eines Individuums zu einer Kultur, und Zugehörigkeit ist einer der wesentlichen Faktoren der individuellen Identitätsbildung. Wer heute in der westlichen Welt lebt, wird nicht mehr durch die Geburt in eine bestimmte soziale Schicht mit einer persönlichen Identität versehen. Stattdessen bestimmt der individuelle Mix von Zugehörigkeiten zu unterschiedlichen sozialen Systemen die jeweilige unverwechselbare Identität einer Person (Devereux 1970). Man ist „Mitglied der Familie Meier", „Vater", „Mitarbeiter bei Siemens", „Deutscher", „Mitglied im Kleingärtnerverein" usw. All diese Systeme verfügen über grammatische Regeln, die bestimmen, ob man als Person dazugehört.

Individuelle Identitäten ändern sich nur langsam, daher binden sich Menschen emotional an für sie identitätsstiftende Organisationen. Ihre Versuche, deren kulturelle Regeln zu bewahren, sind für die Mitglieder ein Weg, die eigene Identität zu bewahren. Deswegen reagieren sie – manchmal emotional überschießend – abwehrend auf die Bedrohung von Traditionen (= ihrer Identität).

Versuche, kulturelle Veränderungen in Organisationen durchzusetzen, stoßen (vorhersehbar) auf Widerstand. Es ist für die Mitglieder eben leichter, auf der Sachebene Neuentscheidungen als Prämissen des eigenen Verhaltens zu akzeptieren (technische Regeln: Programme, Strukturen), statt Entscheidungen über die Prämissen der eigenen Identität hinzunehmen. Hier wird die Indifferenzzone verlassen.

Über die Regeln der Organisationskultur (als nicht entscheidbaren Entscheidungsprämissen) kann nicht entschieden werden. Sie ändern sich spontan und selbstorganisiert. Das Risiko ist groß, dass durch den Versuch, sie gezielt zu verändern, unkalkulierbare Nebenwirkungen ausgelöst werden. Im Blick auf Kultur kann die Ungewissheit eben *nicht* durch Entscheidungen absorbiert werden.

# 10. Wandel

## 10.1 Das Identitätsparadox

*Wer derselbe bleiben will, muss sich verändern!* Dieses Paradox der Identität gilt auch für Organisationen. Der Grund dafür ist, dass die Überlebenseinheit nie ein isoliertes System allein ist, sondern immer die Einheit aus System und relevanten Umwelten (Bateson 1971, S. 429).

Wenn sich eine für das Fortbestehen der Organisation relevante Umwelt verändert, wird die Organisation irritiert. Damit muss sie rechnen. Sie kann versuchen, prophylaktisch oder kompensatorisch zu reagieren. Aber nicht alle Veränderungen ihrer Umwelten sind für Organisationen relevant. Wenn sich die Situation auf dem Telekommunikationsmarkt ändert, ist dies für das Oberschulamt ohne Bedeutung. Daher muss intern jeweils *entschieden* werden, ob beobachtete oder erwartete äußere Veränderungen innerhalb der Organisation mit Änderungen beantwortet werden (müssen?). Sind die Entscheidungsprämissen, auf deren Grundlage bislang in der Organisation gehandelt wurde, noch angemessen?

Hier kann sich eine Diskrepanz zwischen der Innen- und Außenperspektive der Beobachtung ergeben. Während Außenstehende möglicherweise schon lange denken, das Unternehmen XY müsste endlich seine Produktpalette ein wenig auffrischen, meint der Unternehmer, er habe bislang immer mit seiner Sicht und Methode recht behalten, und das werde auch in Zukunft so sein. Spätestens, wenn die Umsätze nicht mehr stimmen und die Banken ihre Kredite einfordern, zeigt sich das Unternehmen irritiert, das heißt, jedes Mitglied der Organisation weiß: Es muss etwas geschehen …

Wenn es nicht gelingt, innerhalb einer gewissen Zeitspanne interne Änderungen zu vollziehen, die auf die System-Umwelt-Beziehung Auswirkungen haben und die Krise bewältigen (z. B. die Entwicklung neuer Produkte, die sich gut verkaufen lassen etc.), endet die Autopoiese. Die Organisation ist nicht mehr in der Lage, sich als selbstständige, abgegrenzte Einheit zu erhalten: Sie wird „geschluckt“ oder liquidiert.

Da es nur wenige Bereiche gibt, in denen Organisationen mit zuverlässigen Umwelten rechnen können, sind fast alle mit der Notwendigkeit internen Wandels konfrontiert, wenn sie ihre Existenz sichern wollen.

Beispiele für geringe Wandlungsnotwendigkeiten sind Organisationen, die sich an Ideen orientieren. Wo immer es um die Aufrechterhaltung einer Orthodoxie geht, können gesellschaftliche und ökonomische Veränderungen überlebt werden, da bzw. wenn die Mitglieder bereit sind, ihren Idealismus zu investieren. Solche Organisationen, wie etwa Sekten oder Kirchen, brauchen sich nicht an dem zu orientieren, was üblicherweise als „äußere Realität“ bezeichnet wird. Wenn die Ideen oder Glaubenssätze, die für sie als Bezugsrahmen dienen, sich nicht oder nur langsam ändern, können sie zu Inseln der Stabilität werden.

Wirtschaftsorganisationen (Unternehmen) sind mit einer größeren und schnelleren Veränderungsnotwendigkeit konfrontiert. Das hängt allerdings zu einem guten Teil von der Branche ab (im Bereich der Lebensmittelproduktion erfolgen Innovationen nicht so schnell und erschütternd wie in der Informationstechnologie). Hier kann man davon sprechen, dass sie sich an (wirtschaftlichen, sozialen, politischen etc.) „Realitäten“ orientieren müssen. Ein Problem besteht allerdings darin, dass nicht so klar ist, was als Realität zu betrachten wäre, da Realität immer das Konstrukt von Beobachtern ist.

So landen wir wieder bei der Frage, wie Organisationen beobachten und wie sie beobachtet werden. Nunmehr aber spezifiziert: Wie lässt sich der Wandel von Organisationen beobachten? Wie lässt er sich beschreiben, erklären und bewerten?

## 10.2 Variation, Selektion, Retention

Wie verändern sich Organisationen also, und wie lässt sich darauf gezielt Einfluss nehmen?

Die Antwort auf diese Frage liefert die moderne Evolutionstheorie. Die Parallele zur Biologie dient der Organisationstheorie auch in diesem Fall als Ideengeber. Solche Übertragungen von Konzepten sind nicht immer ungefährlich, weil oft auch die Irrtümer im einen Bereich auf den anderen übertragen werden. Um hier das fatalste Missverständnis gleich zu Beginn aus dem Wege zu räumen: Der Satz vom „survival of the fittest", der vielen als evolutionäres Gesetz gilt, ist falsch. Denn aus der Tatsache, dass eine Spezies (bis jetzt) überlebt hat, ist weder zu folgern, dass sie das auch in Zukunft tun wird, noch heißt es, dass mit dem Überleben irgendeine gesteigerte Qualität (schon gar nicht eine alles übertreffende), genannt „Fitness", im Vergleich zu all den anderen Spezies, die bislang überlebt haben, verbunden wäre. Im Blick auf das Überleben gibt es keine Grautöne, es ist eine Alles-oder-Nichts-Unterscheidung. Wer bis heute überlebt hat, hat damit *bewiesen*, dass er *bislang „fit" war.* Daraus auf die Zukunft zu schließen, ist ein logischer Fehlschluss. Denn die Überlebensstrategie von heute kann morgen schon zum Scheitern führen. Außerdem gibt es nicht den „single best way" in der Evolution lebender Systeme.

Dasselbe gilt für Organisationen und Organisationsformen. Eine große Zahl unterschiedlicher Organisationsformen sind mit dem Überleben vereinbar. Und es gibt viele verschiedene Arten, sich mit den relevanten Umwelten in Beziehung zu setzen, die viabel (= brauchbar) sind.

Der Evolutionsbegriff lässt sich aber noch auf einen anderen Bereich anwenden: auf organisationsinterne Veränderungen. Hier überschneidet er sich weitgehend mit dem des „organisationalen Lernens" oder der „lernenden Organisation":

Die in der Biologie wirksamen Prinzipien evolutionären Wandels lassen sich folgendermaßen zusammenfassen und analog auf Organisationen übertragen:

> „1. drei Prozesse – Variation, Selektion und Retention – sind für Evolution verantwortlich; 2. Verhaltensänderungen und genetische Mutationen sind zufällig und die Variationen, die für den Augenblick die Anpassung fördern, werden ausgelesen und beibehalten; 3. die Prozesse der Variation und der Retention stehen im Gegensatz zueinander; 4. ein Rückgriff auf Begriffe wie Plan oder Außenleitung ist für die Erklärung des Evolutionsverlaufs nicht erforderlich; 5. mäßig hohe Mutationsraten sind für das Überleben und für evolutionäre Vorteile notwendig; 6. in komplexen Systemen führt die Mehrzahl der jeweils wirkenden

Mechanismen eher zur Beschneidung als zur Förderung von Variation; 7. jegliche Ordnung, die erscheinen mag, verdankt sich der nachträglichen Erkenntnis eines Selektionssystems, nicht vorausschauender Variation; 8. Evolution ist wesentlich opportunistisch – gegenwärtige Vorteile wiegen bei der Determination des Überlebens mehr als langfristige Nachteile; 9. Eigenschaften werden in der biologischen Evolution dann als adaptiv angesehen, wenn sie die Reproduktionschancen ihres Besitzers vergrößern; 10. Evolution kann als Aussiebungsmodell angesehen werden" (Weick 1979, S. 179).

Einige Aspekte dieser kondensierten Darstellung der Charakteristika evolutionärer Prozesse bedürfen der Verdeutlichung – vor allem, wenn Organisationen und deren Wandel daraufhin beobachtet werden sollen. Der wichtigste Punkt ist, dass sich Veränderung nicht auf einzelne Organismen/Organisationen, sondern auf Populationen bezieht. Aus einer gegebenen Menge autonomer, voneinander unabhängiger Einheiten wird selektiert (ausgesiebt). Einige überleben, andere nicht. Einige zeigen die einen, einige andere Eigenschaften. Einmal geht das Leben weiter, das andere Mal nicht.

Welche Eigenschaften für das Überleben oder Nicht-Überleben ausschlaggebend waren, lässt sich immer nur im Rückblick feststellen. Dabei können im besten Fall die Bedingungen des Nicht-Überlebens bestimmt werden, nicht aber die Bedingungen des Überlebens. Das heißt im Klartext: *Es lassen sich keine Erfolgsfaktoren identifizieren*, sondern immer nur *Misserfolgsfaktoren*. Rezepte fürs Aussterben sind immer sicherer zu formulieren als Überlebensrezepte. Und es ist auch nicht gesagt, dass irgendeine Art Fortschritt am Werke wäre, denn aus der bewertenden Sicht des Betrachters kann leider gerade ausgesiebt worden sein, was für ihn erhaltenswert gewesen wäre.

Ein weiterer zentraler Faktor evolutionärer Veränderung ist, dass sie keinem Autor, keinem einzelnen Entscheider und keiner einzelnen Entscheidung zugeschrieben werden kann. Das Zusammenspiel der unterschiedlichen, miteinander vernetzten Variablen hat zum jeweils aktuell beobachtbaren Status quo geführt.

Untersucht man organisationsinterne Veränderungen, so stellt sich die Frage, in welchen Phänomenbereichen wir Variationen beobachten können. Sie zeigen sich dem Beobachter in veränderten Verhaltensweisen bzw. Kommunikationsmustern. Wenn man sie erklären will, lassen sich mehrere Bereiche unterscheiden, in denen sich die Ursachen dafür plausibel verorten lassen:

In jeder Organisation gibt es Veränderungen auf der Ebene der Personen. Stelleninhaber werden ausgetauscht, neue Mitarbeiter eingestellt, erfahrene in Rente geschickt usw., was zwangsläufig zu Variationen der Kommunikationsmuster führt. Eine zweite Ebene der Veränderung lässt sich bei den Kommunikationswegen beobachten, d. h. den formalen und informellen Strukturen. Da werden zum einen Umstrukturierungen beschlossen, zum anderen entwickeln sich informelle Strukturen. Der dritte Bereich, in dem Variationen beobachtet (und initiiert) werden können, sind die Programme (Zweckprogramme, Konditionalprogramme) der Organisation, deren Änderung von heute auf morgen beschlossen werden kann. Als Viertes ist die Organisationskultur zu nennen, die sich ebenfalls (wenn auch langsam und ungezielt) ändert.

Der gemeinsame Nenner dieser Änderungen ist, dass Entscheidungsprämissen variiert werden. Zum Teil geschieht dies aufgrund von Entscheidungen (z. B. bei Restrukturierungen und beim Wechsel von Programmen), zum Teil spontan wie bei der Kultur.

Da die meisten der hier dem Möglichkeitsraum von Variationen zugewiesenen Entscheidungsprämissen selbst Gegenstand von Entscheidungen sind, ließe sich auch die These aufstellen, dass es „die Population von Entscheidungen" (Luhmann 2000, S. 350) ist, aus der heraus sich eine Selektion vollzieht. „Wir nehmen an, dass die Variation die ereignishaften Operationen betrifft, die Selektion den Strukturbildungswert dieser Operationen und die Restabilisierung das System in seiner Umwelt. Zu Variationen kommt es, folgt man dieser Anregung, auf der Ebene der alltäglichen Entscheidungen. Sie haben sich mit je verschiedenen Situationen auseinanderzusetzen. Entscheidungsprämissen entsprechend zu modifizieren und personale Ressourcen des Verstehens der Situation und der kontextspezifischen Vorgaben zu aktivieren. Aber das bleiben zunächst Einmalereignisse. Jede Entscheidung eignet sich jedoch als mögliche Entscheidungsprämisse für andere Entscheidungen; sie mag zu einem Muster gerinnen, kann in die Erzählkultur des Systems eingehen, kann dem Wiedererkennen ähnlicher Fälle dienen und ihren Sinn damit einerseits kondensieren, andererseits generalisieren und abschleifen. Entscheidungen können erinnert bzw. vergessen werden; und wenn erinnert, so als nachahmenswert oder als Warnung, als gelungen oder als misslungen bewertet werden. Eine zunächst massenhaft auftretende Variation bleibt im Allgemeinen folgenlos. Das System entlastet sich durch vergessen. Aber sie kann gelegentlich auch ein Anlass zu positiven bzw. negativen Selektionen werden. Damit verändern sich die Strukturen des Systems, ohne dass dazu eine Entscheidung über die Einführung neuer Entscheidungsprämissen nötig wäre" (Luhmann 2000, S. 352).

Organisationen verändern sich nach evolutionären Prinzipien. Viele in der gängigen Managementliteratur verbreitete Vorstellungen von Führung oder Change-Management müssen daher über Bord geworfen werden. Das betrifft vor allem die Planungs- und Kontrollideen, die suggerieren, das Management oder die Leitung könne die Organisation „in den Griff" bekommen. Jede aufgrund eines Plans oder einer Leitungsentscheidung initiierte Veränderung erfolgt im Kontext evolutionärer Prozesse, das heißt, sie stellt eine Variation unter vielen dar. Ob sie nachhaltig Wirkungen erzielt, hängt davon ab, ob sie den Selektionsprozess überlebt und auf Dauer gestellt wird.

Es reicht daher nicht, Entscheidungen zu treffen (Variation). Ihre Umsetzung oder Implementierung (Selektion) und die Prüfung ihrer pragmatischen Tauglichkeit für das Überleben mit den relevanten Umwelten (Retention) sind unverzichtbare Bestandteile jeden Veränderungsprozesses, das heißt, sie müssen organisiert werden.

# 11. Die Organisation der Organisation

## 11.1 Steuerung

Mit dem Abschied von der Idee der Macht im Sinne einer geradlinigen Ursache-Wirkungs-Beziehung ist auch die Vorstellung ad absurdum geführt worden, man könne Organisationen wie „triviale Maschinen" steuern (v. Foerster 1988). Bei solchen Systemen führt ein definierter Input zu einem fest gekoppelten und deshalb vorhersehbaren Output. Organisationen reagieren dagegen „nicht trivial", d. h., sie reagieren unvorhersehbar auf Inputs, weil sie in ihrem Verhalten stets auf ihre internen Zustände reagieren. Was dem außenstehenden Beobachter als „derselbe Input" erscheinen mag, kann für das System ein „ganz anderer Input" sein, weil sich sein eigener Zustand verändert hat.

Personen, die Leitungsfunktionen in Organisationen innehaben, stehen daher vor der paradoxen Situation, dass sie für etwas die Verantwortung zugeschrieben bekommen und bezahlt werden, was sie (zumindest im Sinne geradliniger Kausalität) gar nicht können: die Steuerung der Organisation. Andererseits ist es aber nicht so, dass sie keinen Einfluss auf das Schicksal der Organisation, ihre Strukturen und künftige Entwicklung hätten. Schließlich werden sie als Personen organisationstheoretisch nicht ohne Grund als Entscheidungsprämissen konzeptualisiert. Es ist nicht beliebig, wie sie agieren, und sie können als „Gestalter" wirken. Nur müssen die Erklärungen, wie dies zustande kommt, verändert werden. (Was den Betroffenen im Idealfall auch andere Verhaltensstrategien eröffnet.)

Als Erstes muss die Vorstellung, Individuen würden entscheiden, modifiziert werden. Sie impliziert die Idee, Entscheidungen würden in der Psyche eines Menschen vollzogen. Doch die Psyche einer Führungskraft (eines jeden Mitglieds) ist eine Umwelt der Organisation. Was immer dort passiert, hat auf die Organisation keine deterministische Wirkung. Die psychischen Prozesse des „Entscheiders" sind mit den Kommunikationsprozessen der Organisation strukturell gekoppelt, und er als Person kann sich an der Kommunikation beteiligen und sie beobachten. Aber er kann nicht allein kommunizieren … Was immer er sich denkt oder beschließt, er kann es lediglich (als Information) mitteilen. Er kann z. B. seinen Entschluss verkünden, im nächsten halben Jahr x-Tausend Mitarbeiter zu entlassen. Wie die Organisation auf diese Mitteilung reagiert, ist zwar zu vermuten, aber nicht wirklich in den Details vorhersehbar.

Doch nicht nur *nach* der Mitteilung der Entscheidung ist der „Entscheider" der Eigenlogik der Kommunikation ausgeliefert, sondern auch schon *vorher*. Denn er kommt ja nicht als autistisch vor sich hin grübelnder Einzelgänger zu seinen Überlegungen, sondern als Ergebnis eines Kommunikationsprozesses. Er erhält manche Informationen, und andere werden ihm vorenthalten. Welche das jeweils sind, hängt von den etablierten formalen und informellen Kommunikationswegen ab, die stets dafür sorgen, dass Informationen ausgesiebt und modifiziert werden.

Hier zeigt sich, dass formale und informelle Strukturen als Entscheidungsprämissen in alle Richtungen wirken: von oben nach unten wie von unten nach oben, auf derselben Hierarchieebene, innerhalb von Organisationseinheiten und auch, deren Grenzen überschreitend, zwischen Organisationseinheiten. Wenn dann irgendwann eine Entscheidung verkündet wird, so ist sie das Ergebnis eines heterarchischen Kommunikationsprozesses, nicht des einsamen, in schlaflosen Nächten ergrübelten Beschlusses einer Führungskraft.

Die Führungsfigur, die weiß, dass ihr die Verantwortung für Entscheidungen zugeschrieben wird, die Ergebnis eines Kommunikationsprozesses sind, kann versuchen, *zielgerichtet* in das Kommunikationssystem zu intervenieren.

> „Wenn man den Begriff der Steuerung beibehalten will, kann man ihn deshalb nicht auf Systeme beziehen, sondern nur auf jeweils spezifische Differenzen. Zwecksetzung heißt ja: eine Differenz einzuführen im Verhältnis zu dem, was anderenfalls der Fall sein würde. Dass dies (mehr oder weniger erfolgreich) möglich ist, wird niemand bestreiten wollen. Anderenfalls gäbe es schon längst keine Zwecke mehr, die Evolution hätte sie längst eliminiert. Differenzen können durch Steuerung gesteigert oder auch abgeschwächt werden (etwa: größerer Marktanteil für

die eigenen Produkte, geringere statistisch ausweisbare Arbeitslosigkeit). In jedem Fall beobachten Steuerungsversuche das zu steuernde System mit Hilfe einer spezifischen Unterscheidung" (Luhmann 2000, S. 403).

Solch ein Steuerungsverständnis wirft zwei Fragen auf: (1) Wie kann überhaupt intentional, d. h. zweckgerichtet (und zweckmäßig), kommuniziert werden? Und (2) welches sind die jeweils dabei und dafür verwendeten Unterscheidungen, d. h. die aufgemachten Ist-Soll-Differenzen?

Wie immer man dies versucht, in jedem Fall muss Anschluss an die bestehenden Regeln der internen Kommunikation gefunden werden. Das führt dazu, dass Steuerungsversuche immer entweder den Status quo bestätigen (weil sie die gegebenen Kommunikationsmuster und -strukturen nutzen und dadurch konfirmieren) oder aber in das Change-Management-Paradox geraten: Die gegebenen Strukturen werden genutzt, um sie zu verändern. Es wird ein Spiel gespielt und versucht, es während des Spielens zu verändern.

Hier eröffnen sich drei strategische Optionen: (1) Die bestehenden Muster (Routinen) werden unterbrochen, (2) es werden Variationen eingeführt, oder (3) es werden vollkommen neue organisatorische Einheiten begründet (Neugründung).

Übersetzt man die evolutionstheoretische in eine lerntheoretische Begrifflichkeit, so sind *Variationen* identisch mit *Versuchen* im Sinne der „Versuch-Irrtum"-Logik. Die Menge der Versuche stellt eine Population dar, aus der die *Irrtümer* ausgesiebt werden. Die Begriffe Versuch und Irrtum sind allerdings nicht ganz glücklich, weil sie suggerieren, es gäbe nur die eine richtige Lösung. Aber, wie bei der evolutionären Dynamik, ist auch bei Lernprozessen das Gegenteil der Fall: Was nicht als Irrtum selektiert wird, ist richtig. Aus diesem Grunde hat Ashby (1956, S. 333) vorgeschlagen, diese Art des Lernens durch die Formel „Suchen-und-Fassen" („hunt-and-stick") zu charakterisieren. Es gibt keine Positivdefinitionen von Erfolgsfaktoren, sondern nur Negativdefinitionen dessen, was nicht geht (nicht viabel ist). Das gilt für biologische Strukturen, für kognitive Strukturen wie auch für Organisationen.

Für das Lernen von Organisationen oder ihre gezielte Steuerung heißt dies, dass die Einführung von Variation nur der erste Schritt sein kann, der die „mehrdeutigen Rohmaterialien zur Verfügung" stellt, „die dann vom Selektionsprozess ergriffen oder fallen gelassen werden" (Weick 1979, S. 191).

Auch auf der Ebene der Selektion können gezielt Entscheidungen getroffen werden, durch die Mehrdeutigkeit (= Unsicherheit) reduziert wird. Aus konstruktivistischer Sicht erfolgt dies in der Regel aufgrund der Konstruktion von Erklärungen für den „Ist"- und den „Soll"-Zustand (die ja immer auch auf den „Nicht-Ist"- und „Nicht-Soll"-Zustand verweisen).

In den Worten Karl Weicks: „Selektionen" haben die Form von „Ursachenkarten, welche untereinander verbundene Variablen enthalten und aus früheren Erfahrungen aufgebaut werden. Wenn diese Karten, die sich bei vorausgehenden Gelegenheiten als sinnvoll erwiesen haben, den verwirrenden Vorlagen der Gegenwart übergestülpt werden, können sie eine vernünftige Interpretation der Geschehnisse liefern oder die Dinge noch mehr verwirren" (Weick 1979, S. 191).

„Ursachenkarten" oder Netzwerke von Ursache-Wirkungs-Beziehungen werden dadurch konstruiert, dass Ereignisse konzeptuell fest gekoppelt werden („wenn ..., dann ..."). Das bezieht sich auf die Analyse ebenso wie auf die Synthese. Soll erklärt werden, wie ein beobachtetes Phänomen entsteht (z. B. ein positiv oder negativ bewerteter Zustand), so kann man versuchen, wie bei einem Kochrezept die einzelnen Handlungsschritte zu unterscheiden und in eine zeitliche Reihenfolge zu bringen. Das gilt für die Analyse von Problemen (z. B. die Verschmutzung von Produkten während des Produktionsprozesses), es gilt aber auch für das Erfinden von Lösungen (möglichen Soll-Zuständen wie den Wegen zu ihnen). Auch hier können einzelne Prozessschritte zeitlich und räumlich aufeinander abgestimmt konzipiert (= geplant) werden. Wenn sie dann tatsächlich in die Realität umgesetzt werden sollten, stellen sie gewissermaßen einen „Versuch" der Organisation dar, der sich daraufhin beobachten lässt, ob er nicht doch ein „Irrtum" ist.

Einen Niederschlag im *Gedächtnis* der Organisation finden solche Erfahrungen in der Regel dadurch, dass Geschichten erzählt werden oder Handbücher angelegt werden oder Umstrukturierungen vorgenommen werden.

Auch hier ist zwischen Rezept und dem tatsächlichen Kochen, sowie der Speise, um in der Küchen-Metaphorik zu bleiben, zu unterscheiden. Aus der Analyse der Methoden eines Spitzenkochs lassen sich Rezepte ableiten, aber nach diesen Rezepten lässt sich auch kochen. Ob zuerst das Rezept oder erst das Kochen da war, ist letztlich nicht nur nicht zu entscheiden, sondern auch irrelevant (solange das so zubereitete Gericht schmeckt). Durch Variation des Rezeptes lassen sich eventuell Verbesserungen oder Verschlechterungen des zu kochenden Gerichts erreichen. Die Selektion findet dann, nach dem Abschmecken, sowohl auf der Ebene des Rezeptes („Ursachenkarte") als auch der des Kochens statt. Zwischen beidem besteht eine zirkuläre Beziehung, die – um erstrebter Ziele willen („nicht süß genug!"/„nicht so viel Salz!") – unterbrochen und modifiziert werden kann.

Wenn dann irgendwann das explizite Rezept gar nicht mehr gebraucht wird, weil das Kochen automatisiert erfolgt, so ist die Retention oder Restabilisierung vollzogen. Die Küche weiß, wie das Gericht gekocht wird. Hier zeigt sich, dass Wissen der Feind des Lernens ist, dass Retention und Variation in evolutionären Prozessen Widersprüche darstellen, die fast zwangsläufig in Konflikt miteinander geraten müssen („Widerstand" gegen Veränderung/„Das haben wir immer so gemacht"/„Das haben wir nie so gemacht" usw.).

Wissen ermöglicht *Planung*. Rezepte schreiben die feste Kopplung von Handlungen und eine klare Ordnung von Aktionen vor, die gleichzeitig oder nacheinander vollzogen werden müssen. Wo man weiß, was zu tun ist, ist die Erstellung solcher *Programme* ein bewährtes Verfahren. Das gilt auch und gerade, wenn mehrere Köche am Werk sind und ihre Aktionen koordiniert werden müssen. Hier kann es auch nötig sein, eine Beziehungsstruktur mit klaren Über- und Unterordnungen zwischen Küchenchef und Küchenhilfe etc. zu etablieren (das entspricht der Schaffung formaler *Kommunikationswege*: Wer hat wem zu „berichten"?).

Problem bei beidem ist, und damit endet die Küchenmetaphorik: Man weiß beim Kochen nicht immer, was der Gast eigentlich mag. Denn manchmal bestellt er nicht, sondern wartet ab, was man ihm serviert, schaut dann, ob es ihm schmeckt usw. Unkalkulierbare Umwelten bestimmen, ob die Organisation der Küche der Umsteuerung bedarf. Bis sich erweist, dass die servierten Speisen nicht gegessen werden, braucht sich an den internen Prozessen und Entscheidungsprämissen des Küchenpersonals nichts zu ändern.

Das kann es natürlich trotzdem: Wenn z. B. der Küchenchef als Verantwortlicher davon ausgeht, dass irgendwann niemand mehr den lange so gut verkauften Nudelsalat bestellen wird, und deshalb auf Sushi umsteuert. Oder aber, wenn er einfach keine Lust mehr hat, immer wieder dasselbe zu kochen. Dann initiiert er als *Person* die Veränderung der Entscheidungsprämissen der (Küchen-) Organisation.

Die Möglichkeiten, sich in die Dynamik von Variation, Selektion und Retention wirksam und zielgerichtet einzumischen, sind zu einem guten Teil von den Strukturen der Organisation bestimmt und, je nach Position und Rolle (Küchenchef/Küchenhilfe), verschieden. Denn jedes Mitglied, ob Führungskraft oder Aushilfe, ist an Programme und Kommunikationswege (formale Strukturen) sowie die Grammatik der Organisationskultur als Entscheidungsprämissen gebunden. Wer eine mit formaler Macht versehene Position innehat, kann damit rechnen, dass er und seine Interventionen im Fokus der Aufmerksamkeit der ihm untergeordneten Personen stehen. Die von ihm angestoßenen Maßnahmen wirken als *Variationen der Entscheidungsprämissen* für die anderen Mitglieder der Organisation.

Bei seinen Versuchen, die Organisation zu organisieren, kann er auf etablierte Erwartungsstrukturen zurückgreifen. Nicht einmal im Falle der Neugründung einer Organisation müsste der Gründer bei Null anfangen, da seine Sonderrolle der Organisation stillschweigend vorausgesetzt wird und auch juristisch definiert ist.

Hier zeigt sich ein wesentlicher Unterschied zu „organisiertem Verhalten", bei dem die Regeln des Umgangs sich innerhalb eines weiten Spielraums entwickeln können. Im Fall der Organisation ist der Freiraum der individuellen Akteure weit enger begrenzt. Denn, wenn jemand sich von einer Organisation einstellen lässt, so hat er sich entschieden, seine eigene Autonomie und Unberechenbarkeit (Nicht-Trivialität) nicht oder nur innerhalb bestimmter Grenzen zu nutzen und die von der Organisation vorgegebenen Entscheidungsprämissen zu akzeptieren.

Auch wenn der Inhaber einer Führungsposition nie direkt festlegen kann, wie die Mitglieder der Organisation handeln, so kann er über die (entscheidbaren) *Entscheidungsprämissen* seiner Organisationseinheit entscheiden. Das beginnt mit der Auswahl der *Personen*, die Mitglieder werden können oder dürfen, setzt sich über die formalen Strukturen *(Kommunikationswege)* fort und findet seinen operativen Boden bei den *Programmen.*

Damit ist immer noch keine geradlinige Kausalität zwischen den Interventionen von Leitungsfiguren und den Aktionen der anderen Mitglieder der Organisation entstanden, aber so kann der Handlungsspielraum für sie erweitert oder eingeengt werden. Der Kontext ihres autonomen Handelns wird definiert („Kontextsteuerung“, Willke 1995, S. 120).

Die *Entscheidung über Entscheidungsprämissen*, so lässt sich zusammenfassen, ist ein wesentlicher Mechanismus der Steuerung von Organisationen.

## 11.2 Mülltonnen und die Fokussierung der Aufmerksamkeit

Wie ist „zweck-“ oder „zielgerichtete“ Kommunikation möglich? Die Frage gewinnt *praktische* Bedeutung, wenn man sich in Erinnerung ruft, dass ein Kommunikationsteilnehmer nie eineindeutig festlegen kann, welche Informationen von den anderen aus seinen Botschaften heraus- oder hineingelesen werden. Soweit es sich um die Mitteilung von Entscheidungen handelt, sorgen die eingeführten Kommunikationswege für genügend *Aufmerksamkeit*, um nicht übersehen oder überhört zu werden. Entscheidungen über Entscheidungsprämissen werden wahrgenommen, weil es zu den Entscheidungsprämissen der Organisation (und damit des Mitglieds) gehört, aufmerksam die Entscheidungen übergeordneter Rollenträger/Gremien etc. zu be(ob)achten (beim Militär symbolisiert durch die „Hab-acht-Stellung“).

Menschen können nur dann miteinander kommunizieren, wenn sie einen *gemeinsamen Fokus der Aufmerksamkeit* teilen. Er ist das, was sie aneinander koppelt. Als autonome, strukturdeterminierte Systeme sind Individuen nicht zur Kommunikation gezwungen, sie brauchen keinerlei Mitteilungen anderer wahrzunehmen. Obwohl das manchmal schwer zu vermeiden ist, denn bei der Interaktion unter Anwesenden gerät man schon durch den Aufenthalt im selben Raum in eine Situation, wo man sich der Wahrnehmung des anderen aufdrängt. Wenn beide dann noch Verhaltensweisen zeigen, die den Verdacht erregen, bedeutungsvoll zu sein, beginnt die wechselseitige Deutung dieses Verhaltens. Kommunikation wird möglich, weil alle Beteiligten zur selben Zeit *sich selbst und den anderen* im Fokus der Aufmerksamkeit haben (Selbst- und Fremdreferenz). Der Aufmerksamkeitsfokus ist es, was beide verbindet: der gemeinsame Blick auf ein Drittes.

Auch in Organisationen funktioniert die Koordination der Akteure und ihrer Aktionen durch die Fokussierung der Aufmerksamkeit. Auf der Ebene der formalen Strukturen ist vorgegeben, wer wem Aufmerksamkeit *schuldet*. So werden Kommunikationswege und Regelkommunikationen etabliert. Personen gewinnen füreinander Wichtigkeit, unabhängig davon, ob sie sich außerhalb des Kontextes der Organisation füreinander interessieren würden oder nicht.

Es gibt aber noch die inhaltliche und die informelle Ebene. Denn auch wenn klar ist, wer wem seine Aufmerksamkeit zu widmen hat, ist nicht festgelegt, um welche Inhalte oder Themen es dabei geht. Hier ergibt sich eine weitere Möglichkeit, Ziele der Kommunikation zu definieren bzw. zielgerichtet zu kommunizieren.

Was ein Vorgesetzter (Person) explizit oder implizit für wichtig hält, wird dadurch für alle wichtig, die ihm untergeordnet sind. Daher wird jeder Träger einer hierarchischen Rolle von der Organisation daraufhin beobachtet, welchen Personen, Themen, Fragen, Zielen, Zwecken, Werten etc. er seine Aufmerksamkeit *schenkt*. Er bestimmt dadurch die Agenda, ob ihm das bewusst ist oder nicht. Seine Zeit und seine Aufmerksamkeit sind knappe Ressourcen, sodass durch die in der Organisation wahrnehmbare Beschäftigung einer Führungskraft mit einem Thema implizit immer deren Bedeutsamkeit kommuniziert wird (March u. Simon 1958; March u. Olsen 1976; Simon et al. 1992).

Hieraus ergibt sich eines der wichtigsten (manchmal allerdings nur unbewusst verwendeten) Steuerungs- und Führungsinstrumente innerhalb von Organisationen: die *Fokussierung der Auf-*

*merksamkeit* und damit die Steuerung der Beobachtung der Organisation.

Das Problem der Organisation ist, dass es aufgrund der Komplexität und Vielzahl widerstreitender Ziele der beteiligten Akteure nahezu unmöglich ist, widerspruchsfreie Entscheidungen zu treffen. Der Möglichkeitsraum ist zu groß:

> „Um Prozesse in Organisationen zu verstehen, kann man eine Entscheidungssituation als Mülltonne betrachten, in die bei der Entscheidungsfindung von Mitgliedern verschiedene Arten von Problemen und Lösungen geschmissen werden. Die Mischung des Mülls in einer einzelnen Tonne hängt von der Mischung verfügbarer Tonnen ab, von den Etiketten, die auf den zur Verfügung stehenden Tonnen kleben, vom Müll, der gerade produziert wird, und von der Geschwindigkeit, mit welcher die Tonnen geleert und der Müll abtransportiert wird“[4] (Cohen, March u. Olsen 1972).

Die Organisation ist konfrontiert mit Problemen bzw. ihren Beschreibungen, bewährten Lösungen und neuen Lösungsideen, mit unterschiedlichen Personen, die unterschiedliche Sichtweisen zur Verfügung stellen, und mit Gelegenheiten und Notwendigkeiten zu entscheiden. Verwirrung ist hier der zu erwartende Normalzustand. Hier setzt die Fokussierung der Aufmerksamkeit als Selektionsmechanismus ein. Die Komplexität wird dadurch reduziert, dass manche Aspekte unbeachtet bleiben, andere in den Vordergrund gerückt werden etc.

Wenn Aufmerksamkeit ein knappes Gut ist, dann kann immer nur derjenige Einfluss gewinnen, der Aufmerksamkeit gewinnt („Es guckt wieder kein Schwein!“). Dasselbe gilt auf der Sachebene: Das Thema, das es schafft, die Aufmerksamkeit derer zu gewinnen, denen aufgrund ihrer (formal definierten oder informell erworbenen) Stellung Aufmerksamkeit gegeben wird, bestimmt die Kommunikation und damit auch die Entscheidungen der Organisation.

Die Steuerungschance von Führungskräften besteht darin, dass sie die ihnen per Struktur gegebene Aufmerksamkeit auf Sachfragen weiterleiten, d. h. die Wichtigkeit, die ihnen auf der Beziehungsebene von ihren Mitarbeitern gegeben wird, bewusst und selektiv mit Inhalten zu füllen. Sie müssen Müll sortieren …

4 eigene Übersetzung

# 12. Die Paradoxie der Organisation

## 12.1 *Unentscheidbarkeit*

Organisationen sind inszenierte *Abstraktionen vom menschlichen Körper* und den Beschränkungen seiner Handlungsmöglichkeiten.

Mit dieser Formel lässt sich wohl am ehesten das Funktionsprinzip, die Logik und Rationalität von Organisationen charakterisieren. Sie benennt auch, worin der evolutionäre Gewinn (natürlich eine Bewertung durch den Beobachter) der Bildung von Organisationen liegt: Sie können tun, was einzelne Menschen nicht tun können. Sie erlauben es dem menschlichen Geist (psychisches System), sich von seinem Körper zu entkoppeln und seine (Größen-)Fantasien zu realisieren. An die Stelle des psychischen Systems tritt der Kommunikationsprozess, und an die Stelle des einen Körpers treten viele. Da sie austauschbar sind, ist die Organisation als handelnde Einheit nicht den natürlichen Begrenzungen, Ruhebedürfnissen, Verschleißerscheinungen und der Sterblichkeit des individuellen Organismus unterworfen. Vor allem: Die Organisation ist, anders als der menschliche Körper, nicht an die zweiwertige Logik von Raum und Zeit gebunden.

Wenn ein Beobachter zwei Ereignisse zur gleichen Zeit beobachten kann, dann haben sie für ihn einen räumlichen Abstand. Wenn er sie nicht zur gleichen Zeit beobachten kann, dann haben sie für ihn einen zeitlichen Abstand. Analoges gilt für seine Handlungen. Dadurch, dass der menschliche Körper und – fest mit ihm gekoppelt – seine Psyche sich zu jedem historischen Zeitpunkt immer nur an einem Ort aufhalten kann, sind seine Handlungsmöglichkeiten im Sinne einer Entweder-oder-Logik beschränkt. Entweder er bleibt an dem Ort, an dem er sich gerade befindet („hier"), oder er bewegt sich fort („nicht hier"), entweder er tut das eine, oder er tut das andere. Er muss sich entscheiden, ob er auf der Innenseite der Unterscheidung bleibt oder die Grenze zur Außenseite kreuzt. Die zweiwertige, aristotelische Logik hat ihre Wurzeln im Raumerleben des Menschen und den damit verbundenen Handlungsmöglichkeiten bzw. Entscheidungsnotwendigkeiten (vgl. Lakoff u. Núñez 2001).

Wenn der Beobachter eine Organisation ist, so zeigt sich die Situation vollkommen anders. Denn Organisationen sind nicht nur in der Lage, Handlungsaufforderungen gerecht zu werden, die sich gegenseitig ausschließen, sondern darin besteht ihre einzigartige Qualität.

Illustrieren lässt sich dieser Unterschied an einem einfachen Beispiel: Wenn ein einzelner Mensch an eine Weggabelung gelangt und ihm die beiden Handlungsanweisungen gegeben werden: (1) „Geh nach rechts – wenn du nach links gehst, wirst du bestraft!“ und (2) „Geh nach links – wenn du nach rechts gehst, wirst du bestraft!“, dann hat er der Rechts-links-Unterscheidung gemäß theoretisch vier Optionen („Tetralemma“). Über die *Entweder-oder*-Alternative („ich gehe nach links“ vs. „ich gehe nach rechts“) hinaus gibt es als Drittes die *Weder-noch*-Option, das heißt, er macht gar nichts, erstarrt oder macht etwas ganz anderes, das mit beidem – linksrum wie rechtsrum gehen – kompatibel ist (z. B. einen Apfel essen).

Die vierte Option besteht darin, eine Lösung zu suchen, die der *paradoxen* Handlungsaufforderung, *sowohl* nach rechts zu gehen *als auch* nach links, gerecht wird. Das ist natürlich ein schwieriges Unterfangen, da dies für ein menschliches Individuum physisch und daher logisch unmöglich ist.

Wenn einem Menschen (Beobachter/Akteur) solche, sich logisch gegenseitig *ausschließende* Handlungsaufforderungen gegeben werden („pragmatische Paradoxie“, Watzlawick et al. 1967, S. 178 ff.), dann kann er *nicht* logisch *richtig* entscheiden. Die Frage nach dem richtigen Weg ist *unentscheidbar.* Falls die (1) Entscheidung lebenswichtig ist und (2) die Unmöglichkeit, das Feld zu räumen, und (3) das Verbot der Metakommunikation hinzukommen, dann gerät ein Individuum durch solch eine „Doppelbindung“ („double-bind“, vgl. Bateson et al. 1956) in eine existenzielle Zwickmühle, die es in den Wahnsinn treiben kann (nicht muss …).

Eine kreative Lösung für das Problem pragmatischer Paradoxien ist die Bildung von Organisationen. Durch die kommunikative

| | |
|---|---|
| *Entweder*<br>ich gehe<br>nach links<br>=<br>nicht-rechts | Ich gehe<br>*sowohl* nach links<br>*als auch* nach rechts<br>=<br>*sowohl* nicht-rechts<br>*als auch* nicht-links |
| Ich gehe<br>*weder* nach links<br>*noch* nach rechts<br>=<br>*weder* nicht-rechts<br>*noch* nicht-links<br>(esse einen Apfel) | *Oder*<br>ich gehe<br>nach rechts<br>=<br>nicht-links |

*Abb. 11: Tetralemma*

Kopplung autonomer, widerspruchsfrei agierender Einheiten (Personen, Abteilungen etc.), die nicht autonom handeln können, wird die Paradoxie in Struktur übersetzt. Die Organisation als zusammengesetzte Einheit ist handlungsfähig, obwohl ihre Subsysteme widersprüchlich agieren. Was Organisationen als Akteure von menschlichen Individuen unterscheidet, ist, dass sie gleichzeitig Handlungen vollziehen können, die sich gegenseitig logisch ausschließen. Sie können die Paradoxie „entfalten" (Luhmann 1993, S. 294), das heißt, eine handelnde Einheit kann sich in Untereinheiten ausdifferenzieren, die unabhängig voneinander logisch widersprüchliche Handlungen vollziehen.

Es kommt zur Entkopplung der Organisation vom individuellen menschlichen Organismus. An seine Stelle tritt eine virtuelle, durch Kommunikation gekoppelte Einheit, die aus einer Vielzahl individueller Akteure besteht. Der Organisation als zusammengesetzter Einheit ist es durch Strukturbildung und -differenzierung möglich, sich *nicht* zwischen logisch antagonistischen Operationen/Funktionen entscheiden zu müssen. Sie kann beide parallel (d. h. *gleichzeitig nebeneinander*) prozessieren. Als Beobachter und Akteur kann sie bei beiden Ereignissen anwesend sein.

Die Kooperation und Koordination mehrerer handelnder Einheiten lässt ein funktionell differenziertes System entstehen. Der Vorteil ist, dass die so geformten Untereinheiten jeweils logisch konsistent und widerspruchsfrei handeln können. Die einen marschieren links herum, die anderen marschieren rechts herum, und die Dritten machen irgendwas anderes (essen Äpfel). Auf diese Art und Weise entstehen Inseln ambivalenzfreien Handelns. Es sind soziale Systeme, in denen eindeutiges, klares, zielgerichtetes und widerspruchsfreies Handeln möglich ist – trotz aller paradoxer Handlungsaufforderungen, Ambiguitäten, Vieldeutigkeiten und Ambivalenzen, denen das übergeordnete Gesamtsystem ausgesetzt ist.

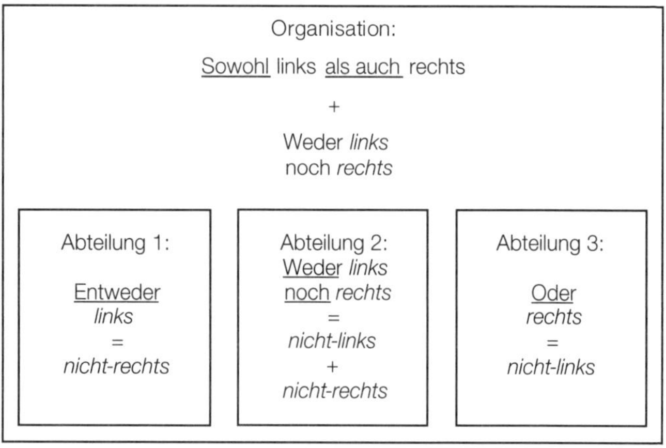


*Abb. 12: Entfaltetes Tetralemma (vgl. Simon 2007)*

In der Organisation existieren und agieren die jeweils widerspruchsfrei handelnden, aber zueinander logisch im Widerspruch und Konflikt liegenden Einheiten nebeneinander. Aber sie sind strukturell gekoppelt. Sie bilden *gemeinsam* eine Struktur, deren definierendes Merkmal die *Unentscheidbarkeit* ist. Denn die Organisation als Überlebenseinheit kann sich nicht dauerhaft für die eine oder die andere Seite entscheiden, wenn beide (das heißt konkret natürlich: viele) Funktionen für die Organisation lebenswichtig sind.

Organisationen sind die Institutionalisierung von Unentscheidbarkeit. Sie bestehen aus *autonomen* Einheiten, die – und hier zeigt sich die Paradoxie wieder, wenn auch in ihrer entfalteten Form – *nicht autonom* handeln können. Sie sind integriert in eine größere Einheit, und Integration heißt immer Verlust von Freiheitsgraden. Diese übergeordnete Einheit ist – im Gegensatz zum handelnden Individuum – nicht an die Logik des Ortes gebunden.

Durch Organisationsbildung lässt sich die zweiwertige Logik von Raum und Zeit überwinden.

## 12.2 Paradoxie-Management

Der Witz der Organisation ist also, dass logisch *unentscheidbare Dauerkonflikte* geschaffen werden.

Aus der strukturell vorgegebenen Unentscheidbarkeit resultiert die Notwendigkeit, Entscheidungen zu treffen. Von Heinz von Foerster (v. Foerster u. Pörksen 2003, S. 158 ff.) stammt der Satz, dass *nur* unentscheidbare Fragen entschieden werden können. Denn Fragen, die objektiv entschieden werden können, sind eigentlich schon entschieden. Wenn es eine objektiv *richtige* Entscheidung gäbe, könnte man sie von einem Computer errechnen lassen.

Organisationen bilden Strukturen, die Entscheidungsnotwendigkeiten schaffen, weil sie pragmatische Paradoxien in Szene setzen. Deswegen gehört zu diesen Strukturen in der Regel auch die Ausbildung von Hierarchie. Hierarchie kann dabei sowohl strukturell als auch prozedural verstanden werden. Es werden entweder (Führungs)-Rollen etabliert und -Personen ernannt, denen die Aufgabe, Entscheidungen zu verantworten, zugeschrieben wird, oder aber es werden Kommunikationsregeln und -strukturen gebildet, mit deren Hilfe im Konfliktfall eine Entscheidung herbeigeführt werden kann. Wenn es hierarchische Rollen gibt, sinkt der Kommunikations- und Zeitbedarf zur Entscheidungsfindung. Wenn der Kommunikations- und Reflexionsbedarf groß ist, sinkt der Nutzen hierarchischer Entscheidungen (und sie werden zur Gefahr, wenn sie einen zur Entscheidungsfindung nützlichen Sachkonflikt verhindern). Aber auch Prinzipien können solch eine hierarchische, Entscheidungen ermögliche Funktion übernehmen.

All dies lässt sich als Funktion von Führung und Management charakterisieren. Dabei geht es stets darum, die an sich immer ambivalente, immer unentscheidbare Situation der Organisation so zu gestalten, dass *immer wieder neu* entschieden werden muss, kann und wird. Die Aufgabe von Führung besteht daher im Wesentlichen darin, mit Paradoxien, mit Unentscheidbarkeit und Ambiguität umzugehen. Deshalb führt keine Führungskraft ihren Job optimal aus, wenn sie dauerhaft Eindeutigkeit schafft – auch wenn das oft von ihr gefordert wird.

Führung und Management sind immer nur begrenzt rational und können es auch nur begrenzt sein. Nils Brunsson betont sogar, dass Irrationalität die Voraussetzung dafür ist, dass es überhaupt zu Handlungen („action") in Organisationen kommt, und nicht beim Reden („talk") allein bleibt. Denn die Berufung auf die Rationalität der Entscheidung ist eine Methode, Verantwortung für Entscheidungen zu vermeiden (Brunsson 1985, S. 53). Die Aufgabe von Führung und Management ist aber, dafür zu sorgen, dass entschieden wird – nicht trotz der Ungewissheiten, Vieldeutigkeiten und Paradoxien, die jede Organisation charakterisieren, sondern weil es durch sie erst möglich wird.

Zwischen entscheidbaren und unentscheidbaren Fragen unterscheiden zu können und Uneindeutigkeit auszuhalten, auch und gerade, wenn von aller Welt klare Vorgaben erwartet werden, fällt den meisten Menschen schwer. Wenn man diese Fähigkeit als Persönlichkeitsmerkmal definieren wollte, über das Führungskräfte verfügen sollten, so könnte es am besten als *Ambiguitätstoleranz* charakterisiert werden (Simon 2007). Gemeint ist damit die Fähigkeit, Mehrdeutigkeit, Ambivalenz, Antinomie und Unsicherheit zu ertragen und Widersprüche nicht sofort durch eine Schwarz-weiß-Logik zu beseitigen. Das heißt auch, sich der Paradoxien bewusst zu sein, in denen man steckt, und zu wissen, dass rationale Entscheidungen irrational sein können.

*Unentscheidbarkeit* ist der Normalfall – *deswegen* müssen Entscheidungen herbeigeführt bzw. die entsprechenden Handlungen und Handlungsmuster initiiert werden.

# Nachbemerkung

Organisationen abstrahieren nicht nur vom menschlichen Körper, sie abstrahieren auch von vielen psychischen Fähigkeiten, Möglichkeiten und Bedürfnissen ihrer Mitglieder. Deswegen könnte man eine Theorie der Organisation sicher auch als Theorie der „Entfremdung" lesen, wenn dieser Begriff nicht so aus der Mode gekommen wäre. Und daher ist es auch möglich, wie hier versucht, eine psychologiefreie Theorie der Organisation zu formulieren.

Aus einer psychoanalytischen Sicht (die hier ja explizit nicht Thema ist) kann festgestellt werden, dass Organisationen vor allem eine narzisstische Herausforderung für ihre tatsächlichen oder potenziellen Mitglieder darstellen. Sie fordern von ihnen, sich in eine fremdbestimmte Ordnung einzufügen und das eigene Handeln an Entscheidungsprämissen zu orientieren, die nicht von ihnen selbst definiert sind. Um hier eine persönliche „Indifferenzzone" zu entwickeln, bedarf es der Fähigkeit, bestimmte Emotionen abzuspalten, um diesen Verlust an Autonomie, diese großartige narzisstische Kränkung, zu bewältigen. Das geht einfacher, wenn die Identifikation mit der Organisation möglich ist. Dann kann die Mitgliedschaft als „Aufgehen" in einem größeren „Wir-Selbst" durchaus auch das individuelle Selbst narzisstisch aufblähen.

Das aber ist die andere Seite der drohenden narzisstischen Kränkung: das Versprechen eines Größenselbst, das „Aufpumpen" des eigenen Egos. Denn Organisationen eröffnen scheinbar die Chance, den eigenen Größenwahn zu realisieren, die Leistung der koordinierten Arbeit von Tausenden sich selbst zuzurechnen, die Grenzen der eigenen (körperlichen, geistigen) Beschränktheit zu überschreiten, indem man als „Führer" die Entscheidungsprämissen von vielen bestimmt.

Ob Organisationen vom „Genie" ihrer Leitfiguren profitieren oder von ihrem „Wahnsinn" zu Höllenmaschinen gemacht werden, ist nicht vorhersehbar. Ihre Konstruktion ermöglicht beides. Deshalb sollte eine jede Organisation ihre Führung immer auch kritisch beobachten und – im Idealfall – Mechanismen zu deren Kontrolle etablieren …

# Literatur

Ashby, W. R. (1956): Einführung in die Kybernetik. Frankfurt am Main (Suhrkamp).

Baecker, D. (2003): Organisation und Management. Frankfurt am Main (Suhrkamp).

Barnard, C. I. (1938): The functions of the executive. Cambridge, MA (Harvard Univ. Press).

Bateson, G. (1971): Die Kybernetik des Selbst. In: G. Bateson (1972): Ökologie des Geistes. Frankfurt am Main (Suhrkamp), 1981, S. 400–435.

Bateson, G. (1954): Eine Theorie des Spiels und der Phantasie. In: G. Bateson, G. (1972): Ökologie des Geistes. Frankfurt am Main (Suhrkamp), 1981, S. 241–261.

Bateson, G. (1972): Ökologie des Geistes. Frankfurt am Main (Suhrkamp), 1981.

Bateson, G. (1979): Geist und Natur. Eine notwendige Einheit. Frankfurt am Main (Suhrkamp), 1982.

Bateson, G., D. Jackson, J. Haley, J. Weakland (1956): Vorstudien zu einer Theorie der Schizophrenie. In: G. Bateson (1972): Ökologie des Geistes. Frankfurt am Main (Suhrkamp), 1981, S. 270–301.

Brunsson, N. (1985): The irrational organization. Copenhagen (Fagbogforlaget), 2000.

Cohen, M. D, J. G. March, J. P. Olsen (1972): A garbage can model of organizational choice. In: J. G. March (1988): Decisions and organizations. Oxford (Basil Blackwell), 1988, S. 294–334.

Collins, J. (2001): Der Weg zu den Besten. München (dtv), 2003.

Crozier, M., E. Friedberg (1977): Macht und Organisation. Die Zwänge kollektiven Handelns. Königstein (Athenäum), 1979.

Devereux, G. (1970): Die ethnische Identität. Ihre logischen Grundlagen in ihre Dysfunktionen. In: G. Devereux (1972): Ethnopsychoanalyse. Frankfurt am Main (Suhrkamp), 1985.

Foerster, H. von (1988): Abbau und Aufbau. In: F. B. Simon (Hrsg.) (1997): Lebende Systeme. Wirklichkeitskonstruktionen in der systemischen Therapie. Frankfurt am Main (Suhrkamp), S. 32–51.

Foerster, H. von, B. Pörksen (2003): Wahrheit ist die Erfindung eines Lügners. Heidelberg (Carl-Auer), 5. Aufl.

Glasersfeld, E. von (1997): Wege des Wissens. Konstruktivistische Erkundungen durch unser Denken. Heidelberg (Carl-Auer)

Goffman, E. (1961): Asyle. Über die soziale Situation psychiatrischer Patienten und anderer Insassen. Frankfurt (Suhrkamp), 1972.

Grimm, J., W. Grimm (1854–1961): Deutsches Wörterbuch. Leipzig (Hirzel). [Neuausg. (1999): München (dtv).]

Hall, E. T. (1956): The silent language. New York (Doubleday).

Heider, F. (1926): Ding und Medium. *Symposium* 1: 109–157.

Kieser, A., M. Ebers (2006): Organisationstheorien. Stuttgart (Kohlhammer), 5. Aufl.

Lakoff, G., R. E. Núñez (2001): Where mathematics comes from: How the embodied mind brings mathematics into being. New York (Basic Books).

Linton, R. (1936): The study of man. New York (Appleton-Century).

Luhmann, N. (1975): Macht. Stuttgart (Lucius & Lucius), 3. Aufl.

Luhmann, N. (1984): Soziale Systeme. Frankfurt am Main (Suhrkamp).

Luhmann N. (1997): Die Gesellschaft der Gesellschaft. Frankfurt am Main (Suhrkamp).

Luhmann, N. (1988): Sozialsystem Familie. *System Familie* 1: 75–91.

Luhmann, N. (1988): Die Wirtschaft der Gesellschaft. Frankfurt am Main (Suhrkamp).

Luhmann, N. (1993): Die Paradoxie des Entscheidens. *Verwaltungs-Archiv* 84 (3): 287–310.

Luhmann, N. (2000): Organisation und Entscheidung. Frankfurt am Main (Suhrkamp).

March, J. G., J. P. Olsen (1976): Ambiguity and choice in organizations. Bergen (Universitetsforlaget).

March, J. G., H. A. Simon (1958): Organizations. Cambridge, MA (Basil Blackwell), 2nd ed., 1993.

Maturana, H. (1970): Biologie der Kognition. In: ders. (1982): Erkennen: die Organisation und Verkörperung von Wirklichkeit. Braunschweig (Vieweg), S. 32–80.

Maturana, H. (1975): Die Organisation des Lebendigen: eine Theorie der lebendigen Organisation. In: ders. (1982): Erkennen: Die Organisation und Verkörperung von Wirklichkeit. Braunschweig (Vieweg), S. 136–156.

Maturana, H. (1978): Repräsentation und Kommunikation. In: ders. (1982): Erkennen: Die Organisation und Verkörperung von Wirklichkeit. Braunschweig (Vieweg), S. 272–296.

Maturana, H., F. Varela (1970): Biologie der Kognition. In: H. Maturana (1982): Erkennen: Die Organisation und Verkörperung von Wirklichkeit. Braunschweig (Vieweg), S. 32–80.

Maturana, H., F. Varela (1984): Der Baum der Erkenntnis. Bern (Scherz), 1987.

McCulloch, W. (1945): A heterarchy of values determined by the topology of nervous nets. McCulloch, W. (1970): Embodiments of mind. Cambridge, MA (MIT-Press), S. 40–66.

Schein, E. H. (2003): Organisationskultur. Bergisch-Gladbach (Edition Humanistische Psychologie).

Simon, F. B. (2001): Tödliche Konflikte. Zur Selbstorganisation privater und öffentlicher Kriege. Heidelberg (Carl-Auer), 2. erw. u. korr. Aufl. 2004.

Simon, F. B. (Hrsg.) (2002): Die Familie des Familienunternehmers. Ein System zwischen Gefühl und Geschäft. Heidelberg (Carl-Auer), 2. Aufl. 2005.

Simon, F. B. (2004): Gemeinsam sind wir blöd!? Die Intelligenz von Unternehmen, Managern und Märkten. Heidelberg (Carl-Auer).

Simon, F. B (2006): Einführung in Systemtheorie und Konstruktivismus. Heidelberg (Carl-Auer).

Simon, F. B (2007): Paradoxiemanagement – Genie und Wahnsinn der Organisation. *Revue für postheroisches Management* 1.

Simon, F. B. und CONECTA-Autorengruppe (1992): Radikale Marktwirtschaft. Die Grundlagen des systemischen Managements. Heidelberg (Carl-Auer), 5. aktual. Aufl. 2005.

Simon, F. B. R. Wimmer u. T. Groth (2005): Mehr-Generationen-Familienunternehmen. Erfolgsgeheimnisse von Oetker, Merck, Haniel u. a. Heidelberg (Carl-Auer).

Simon, H. A. (1957): Administrative behavior. New York (Free Press), 4. Aufl. 1997.

Spencer-Brown, G. (1969): Laws of form. New York (Dutton), 2nd ed. 1979.

Vogler, C. (1998): Die Odyssee des Drehbuchschreibens. Über die mythologischen Grundmuster des amerikanischen Erfolgskinos. Frankfurt am Main (Zweitausendeins), 2. Aufl.

Watzlawick, P., J. H. Beavin, D. D. Jackson (1967): Menschliche Kommunikation. Bern (Huber), 1969.

Weick, K. (1979): Der Prozeß des Organisierens. Frankfurt am Main (Suhrkamp), 1985.

Weick, K. (1995): Sensemaking in organizations. Thousand Oaks, CA (Sage).

Willke, H. (1995): Systemtheorie III: Steuerungstheorie. Stuttgart (Gustav Fischer).

Willke, H. (2004): Einführung in das systemische Wissensmanagement. Heidelberg (Carl-Auer).

Wimmer, R. (1989): Die Steuerung komplexer Organisationen. Ein Reformulierungsversuch der Führungsproblematik aus systemischer Sicht. In: K. Sandner (Hrsg.): Politische Prozesse in Unternehmen. Berlin/Heidelberg (Springer).

Wittgenstein, L. (1952): Philosophische Untersuchungen. Werkausgabe Bd. I. Frankfurt (Suhrkamp), 1984.

Wright, G. H. von (1963): Norm und Handlung. Eine logische Untersuchung. Königstein (Scriptor), 1979.

Wright, G. H. von (1971): Erklären und Verstehen. Königstein (Athenäum).

## Über den Autor

*Fritz B. Simon*, Dr. med., Univ.-Prof.; Studium der Medizin und Soziologie; Psychiater und Psychoanalytiker, systemischer Therapeut und Organisationsberater. Forschungsschwerpunkt: Organisations- und Desorganisationsprozesse in psychischen und sozialen Systemen. Autor bzw. Herausgeber von ca. 300 wissenschaftlichen Fachartikeln und 35 Büchern, die in 15 Sprachen übersetzt sind, u. a.: *Radikale Marktwirtschaft* (1992), *Die andere Seite der Gesundheit* (1995), *Die Kunst, nicht zu lernen* (1997), *Zirkuläres Fragen* (1999), *Tödliche Konflikte* (2001), *Die Familie des Familienunternehmens* (2002), *Gemeinsam sind wir blöd!?* (2004), *Mehr-Generationen-Familienunternehmen* (2005), *Einführung in Systemtheorie und Konstruktivismus* (2006), *Einführung in die systemische Wirtschaftstheorie* (2009), *Einführung in die Systemtheorie des Konflikts* (2010), *„Zhong De Ban" oder: Wie die Psychotherapie nach China kam* (2011), *Einführung in die Theorie des Familienunternehmens* (2012), *Wenn rechts links ist und links rechts* (2013), *Einführung in die (System-)Theorie der Beratung* (2014), *Formen. Zur Kopplung von Organismus, Psyche und sozialen Systemen* (2018), *Anleitung zum Populismus* (2019), *Der Streit ums Nadelöhr* (2019), *Lockdown: Das Anhalten der Welt* (2020), *Formen (reloaded). Zur Kopplung von Organismus, Psyche und sozialen Systemen* (2002), *Stalin und der Apparat* (2023).